残された人が
「よく生きる」ための
心の整え方

禅の心で大切な人を見送る

曹洞宗徳雄山建功寺住職
桝野俊明

光文社

はじめに

大切な人を見送る、葬儀でのこと。

僧侶がお経をあげるなか、さまざまな参列者の姿があります。

胸に大きな穴があいたかのような喪失感を抱えた方、悲しみに暮れながら、それでも気丈《きじょう》に振るまおうとしている方、静かにただ涙を流す方。

お互いの素性《すじょう》を知らず、故人との縁のみをたよりに、たまたま同席した人たちも少なくないかもしれません。

それでも、確かに共通しているのは、皆が故人のことを思い出し、別れを惜《お》しんでいるということです。こんなことや、あんなことがあった、それなのに、もう二度と会うことはできない。その事実を皆がかみしめています。

葬儀の席だけではありません。ご法事のたび、あるいは故人を知るものどうしが会うたびに、故人の人となりや思い出が語られることでしょう。

「彼とは高校時代からの親友なんです。一見とっつきにくそうですが、話してみるとウィットに富んでいて面白い。まさか五十年も付き合いが続くとは」

「子どもの目には、いつも厳しいばかりの母親で、疎《うと》ましく思うこともありました。でも、自分が親になってわかりました。あんなに子ども思いの母親はいない」

それは、心のなかに故人を生かし続けるための営みなのだ、と私は思います。

仏教では「人は二度死ぬ」といいます。

一度めの死は、肉体の死。息を引き取った瞬間に訪れる死です。二度めの死は、遺族や近親者、そして生前親しくしていた人たちの心から、故人の存在が消えてしまったときの死です。

亡くなった人が何を思うのか、もちろん本人に直接尋《たず》ねることはできません。しかし、今生きている私たちは思うのです。たとえ肉体は失われても、せめて私たちの心のなかで生き続けてほしいと。であるからこそ残された人々は、ことあるごとに故人について語るのです。そのたびに故人は蘇《よみがえ》るのだと信じてのことでしょう。

残された人々には、やるべきことがあります。

故人の思い出を語り合うことのほかにも、逝《い》った人のため、できることがあります。それをまっとうすることが、故人への弔《とむら》いになるのです。例えば故人が成したいと思っていたことを、かわりに成し遂《と》げてあげる。あるいは、故人が行きたいと思っていたところへ、故人の写真を持参して行ってみるのも、よい弔いになるのではないでしょうか。

弔いとは、残された人々のためであることを、忘れてはいけません。

弔いは、ひとつの「けじめ」です。残された人々は、弔いを通じて「大切な人が亡くなった」という事実を、頭ではなく心で、そして身体そのもので理解し、悲しみの日々に区切りをつけるのです。

そして、故人のこれまでの人生を思い、自身のこれからの人生を思います。それは、故人の遺志を継《つ》ぎ、「よりよい生き方、よりよい死に方」を考える、稀有《けう》な機会にもなることでしょう。

それほど弔いとは、逝く人にとっても、また残される人たちにとっても欠かすことのできない大事なことなのです。

本書は、残された人々のために「禅の心」をお伝えするものです。

禅とは、いつ、誰が旅立つともしれないこの人生を、精一杯生き切るための知恵です。

人はいつか死ぬ。あなたも、あなたの大切な人も死ぬのです。

そんな生涯を悔いなく終えるための、生き方をしていただきたい。本書が、その一助となることを願っています。

合掌

令和五年四月吉日　建功寺方丈にて　枡野俊明

はじめに —— 2

第1章 大切な人の死をどうやったら受け入れられるだろう？

・私たちが死の「当事者」になるとき —— 12
・「わしもすぐ逝くから、待っていろ」と一休和尚はいった —— 16
・残された人には「故人とともに生きる」務めがある —— 22
・生きているうちは「生ききる」ほかない —— 28
・「死ぬ時節には死ぬがよく候」 —— 34

第2章

「見送る」からこそ、私たちはよりよく生きることができる

「見送り」は残された人の生に節目をつける —— 40
故人を前にすると私たちは裸になる —— 44
故人がそこにいるがごとく、ともに食事をし、ともに暮らすこと —— 50
自分の死が近づいてからでは遅すぎる —— 54
「納得」がなければ人は前を向けない —— 60
「見送り」の継承が途切れようとしている —— 64
いつか「見送ってもらう」その日のために —— 72

第3章

現代社会で大切な人をどう「見送る」か？

・「けじめ」悲しみに区切りをつける儀式 ―― 78
・「看取《みと》り」死に目に会えない時代にできること ―― 82
・「枕経《まくらぎょう》」故人が自宅へ帰れなくなった ―― 86
・「お葬式」「ひとつ」になれたらいいお葬式 ―― 94
・「お別れ会」遺族が知らない故人を友人たちは知っている ―― 100
・「四十九日」故人とともに修行の旅に出る ―― 104
・「卒哭忌《そっこくき》」そして涙が涸《か》れるときがくる ―― 108

第4章 いずれは必ず訪れる「死」に向き合う

- 「主人公」として毎日を生きる ―― 114
- ご縁の「雪だるま」を転がしていく ―― 122
- 禅的　丁寧な暮らし ―― 128
- 「働かざるもの食うべからず」の誤解をとく ―― 134
- お寺を日常に取り入れる ―― 140
- 「孤独」を贅沢に味わう ―― 144
- 「もうひとりの自分」と手を取り合う ―― 148
- 「ボーッとする」のも努力のうち ―― 154
- 毎日十分「坐禅」のすすめ ―― 158
- 「戒《かい》」を拠り所に生きる ―― 162

第5章 心の相続の準備をしよう

・「死に支《じ》度《たく》」は元気なうちに ―― 172
・思いを伝える「心の相続」 ―― 178
・「家族の歴史」を語り継ぐ ―― 182
・歴史の語り部は自分だけではない ―― 186
・「エンディングノート」のすすめ ―― 190
・逝く前に残したい十のメッセージ ―― 194
・死を目前にしてなお「日々是好日」 ―― 202
・見送る側から、見送られる側へ ―― 208

あとがき ―― 212

第 1 章

大切な人の死を
どうやったら
受け入れられるだろう?

私たちが死の「当事者」になるとき

人はいつか死ぬ。自分も家族も、友人も。
私たちは普段、その事実から目を背けています。
大切な誰かを亡くして初めて
死の「当事者」になる。
そのとき、心は散り散りになるのです。

ある人が、こんなことをおっしゃいました。

「父親が亡くなって初めて、お墓参りをする意味がわかりました。墓石に水をかけ、きれいに掃除をしていると『ああ、本当に亡くなったんだな』と頭ではなく心で実感できた。それが何だか気持ちがよかったんです。父の死後、ずっとモヤモヤしていた胸のあたりが、スッとしました」

私たちと「死」の関係について、深い示唆を与えてくれる言葉だと思います。

ひとつは、身近な人の死に触れないうちは死が「他人事《ひとごと》」である、ということです。

例えば幼い頃、両親に連れられて、顔も覚えていない故人のお墓参りをした記憶はないでしょうか。故人の人となりを聞かされても、お墓参りの大切さを説かれても、ピンとこなかったに違いありません。

「なぜ大人はわざわざ、こんな面倒なことを？」と思ったとしても、それが普通の感覚だと思います。

しかし、身近な誰かを見送った後は、とても他人事ではいられません。

訃報《ふほう》を聞いた瞬間、言葉を失う。大切な人を喪《うしな》った悲しみを受け止めきれず、心が散り散りになる。なぜあの人が、なぜこんなに早く、なぜこんなことにと、説明のつかない思いが溢《あふ》れてくるものです。いつか立ち直れる日がやってくるとは、到底《とうてい》信じられない。

死の「当事者」とは、故人ばかりではありません。故人を見守ってきた人すべてが、死の「当事者」になるのです。

その意味で、身近な人の死を経験した人と、そうでない人との違いは、とてつもなく大きいのです。

一方で、当事者だからこそわかる、悲しみの癒《い》やし方があります。大切な人の死をどう受け止めるのか、それからの人生をどう歩むのか。もちろん「こうすればいい」と、わかりやすい道筋を示すことはできません。それでも、小さなヒントのようなものならあります。

お墓参りにはそのヒントがあります。

お墓に着いたら、掃き掃除をしたり、草取りをしたり。お花と水を供え、お線香を手向《たむ》けたら、静かに手を合わせる。誰もが知るお墓参りの形です。かつては「なぜこんなことを」と思っていたかもしれません。しかし死の当事者となり、自分の身体で体験してみると、「そういうことだったのか」とすべてがわかります。

そこには、仏さまとなった故人が眠っているのです。故人の存在がありありと感じられるのです。お墓を掃除していても語りかけずにはいられない。

「雨が続いたせいか、少し汚れちゃったね。きれいにしておくよ」

「すっかり夏だけど、そこは暑くないの？」

「最近、仕事でこんな大変なことがあったんだけどさ……」

故人から言葉が返ってくることはありません。それでも構わないのです。自分はこんなふうに生きている、こんなふうに故人の気持ちを受け継いでいく。故人と残された者が語り合う、穏やかな時間が、そこには流れています。その時間に身を置くことで、悲しみはゆっくりと溶けていくのです。

お墓参りとは、残された人たちのためにあるのだと、やがて気づくでしょう。幼い頃、自分を連れてお墓参りをしていた親が何を考えていたのかも、そのときにわかるはずです。

「きっと同じ思いで、故人に語りかけていたのだろう」と。

「わしもすぐ逝くから、待っていろ」と一休和尚はいった

仏教では「故人は仏国土《ぶっこくど》へと帰っていく」と考えます。
そこはすべてのご先祖さまが住まうところであり、
自分の生まれ故郷のようなもの。
死とは元いた場所に帰ることであり、
寂しいものではないのです。

私は本書を、大切な人を見送り、残された人のために、したためました。

誰もが、いつか死ぬ。両親も、きょうだいも、配偶者も、友人も、仕事仲間も、いずれ亡くなるのは間違いのないことです。

しかしながら、誰がいつ、どのように死ぬのか、誰にもわかりません。だからでしょう。頭では、いつかくるその日に備えているつもりでも、いざそのときがきて、自分が死の当事者になると、呆然とするばかりです。

「この前会ったときには元気だったのに、どうして」

「まさか、自宅に帰れないまま、病院で亡くなるなんて」

「あの人がいないこれからの人生を、どう生きたらいいのかしら」

大切な人と二度と会えない。その現実を頭では理解していても、心は受け入れることができません。

周囲からの励ましの言葉も耳には届きません。

「いつまでも悲しんでないで、前向きにならなくては」

それができるのであれば、どれほど楽になれるでしょうか。でも、いったいどうやって。


大切な人の死をいかに受け入れるか。

その悲しみは、どうすれば癒やされるのか。

その後の人生を、どう生きるのか。


私はひとりの禅僧として、そのことを考え続けてきたような気がします。

禅とは、人がよく生き、よく死ぬための知恵です。禅のなかに、逝った人を弔い、残された者たちの悲しみを癒やすヒントがあると信じています。


人は死ぬとどうなりますか。そう質問されることも、しばしばあります。

肉体的なことは、誰しもが想像する通りです。心臓が止まり、身体が冷たくなり、火葬にされ、遺骨となってお墓に納められる。もう二度と言葉を交わすこともなく、手に触れることもできない。それは明らかです。

一方で、私たちの心は違うことを考えています。

身体は失われても、魂はきっと生き続けている。声を聞くことも、ぬくもりを感じることはできなくても、故人は魂となって、存在している。確かにここにはいないのですが、遠いところから、残された者たちを見守ってくれている。
そう信じないではいられないのです。

仏教では、魂があるとも、ないとも、はっきりとした考えを示していません。魂があると信じることも、私たちに委《ゆだ》ねられています。それは、私たち一人ひとりが決めてよいことでしょう。

ただ、仏教には「人は亡くなると、元いた場所へと帰っていく」という考え方があります。

ご存知でしょうか。人が亡くなり、白木の仮位牌にご戒《かい》名《みょう》を書く際に、ご戒名の上に「新帰元《しんきげん》」あるいは「新帰空《しんきくう》」という三文字を書きます。これを本位牌に魂を移し替える四十九日《しじゅうくにち》までお祀《まつ》りします。

新たに元の場所に帰る。新たに空へ帰る。この「元」や「空」とは何かというと、私たちが今ここにいるというご縁を結んでくださった、ご先祖さまがいるところ。仏教ではそれを、仏国土、お彼岸《ひがん》、浄土《じょうど》などと呼びます。

ご先祖さまの元へ帰った故人は、涅槃《ねはん》の境地《きょうち》で静かに暮らしている。残された者が生きる道を誤らないよう、導いてくださっている。

仏教ではそう考えられています。故人はいなくなったのではない。故人は、帰るべき故郷に帰っただけだ、というのです。

もちろん見送る者は寂しく思うでしょう。しかし、亡くなる人が旅立つ先は、決して寂しいところではありません。


私たちには両親がいます。両親にも両親があり、その両親にもまた両親がいる。十代さかのぼるだけで一〇二四人ものご先祖さまがいる計算です。二十代さかのぼると百万人、三十代さかのぼったら大変です。十億人を超えるご先祖さまに、私たちは見守られているのです。

それはとりもなおさず、たくさんのご先祖さまが脈々と命をつないでくださった故に、私たちは今ここにいることができるということです。どこか一箇所でもその縁が途切れていたら、私たちは存在していません。その、大切なご縁を結んでくださったご先祖さまの元へと帰っていくのですから、寂しいはずがないと、私は思います。

そのことがわかっていたら、悲しみは和らぎ、穏やかな気持ちで見送ることができるかもしれません。

アニメ作品「一休《いっきゅう》さん」の説話のモデルにもなった、室町時代の僧、一休宗純禅師《そうじゅんぜんし》に、こんなエピソードがあります。死の床に就き、間もなく逝ってしまう人へ、一休さんが何と声をかけたか。

「あちらで待っていろ。わしもすぐに逝くからな」

お酒も女性もお好きだったという破天荒な一休さんらしい言葉です。周囲はびっくりしたそうですが、私には、これから旅立つ人を安心させようとする温かい言葉に思えます。

結局みんな、同じところへ逝くのだから、先に逝ってなさい。一人だけじゃない、私もすぐに逝く。だから安心なさい。そう伝えているのです。

残された人には「故人とともに生きる」務めがある

仏教では「人は二度死ぬ」と考えます。
ひとつは肉体の死。もうひとつは、
遺族や生前親しくしていた人たちの心から、
故人の存在が消えるときの死。
二度目の死ほど寂しいものはありません。

定まる命と書いて「定命《じょうみょう》」という言葉が、禅にはあります。

これは「人は皆、生まれてきたときに定められた命がある」という意味です。

私は、定命をロウソクにたとえてお話をすることがあります。

ロウソクが立てられ、火が灯っているとしましょう。最後まで火を絶やさず、燃え尽きるロウソクもあれば、風でパタンと倒れ火が消えてしまうロウソクもあるでしょう。それでも、燃え尽きるのも途中で火が消えるのも、定めであることには変わりないのです。

人の命も同じです。百歳を越えて生きる人もいれば、病気や事故で若くして亡くなる人もいる。なかなか受け入れがたい短命でも、定められた命を生きたという意味では変わらず、受け入れざるを得ない。

定命とは、そんな考え方です。

自分の定命がどれほどかは誰にもわかりません。それを決めるのは人智が及ばない力だというしかないでしょう。私たちにできるのは、今をひたすら、精一杯生きることだけです。

禅語にある「而今《にこん》」という言葉は、そのことを伝えています。大切なのは過去や未来ではなく、「今、このとき」であるという意味です。人間には、すでに起きてしまった過去の出来事を変えることも、先の未来を見通すことでもできません。変えられるとしたら「今、このとき」だけ。それ以上のことは考えても仕方のないことです。

「今、このとき」を精一杯生きることが、生きる価値。そうであるからには、定命が長いか、短いかは重要ではないと、禅は考えます。

言葉では理解できても、気持ちではなかなか「納得できない」考え方かもしれません。定命が百年の人もいれば十年の人もいるなんて不条理ではないか、といいたくなる人もいることでしょう。

無理もありません。平均寿命をはるかに超えて老衰で亡くなった人が「それが定命だったのです」といわれたら、残された人もどこか納得がゆきます。世間でいえば大往生です。大切な人を失った悲しみは抱えながらも、静かな気持ちでお別れができることが多いと思います。

しかし、二十代で親よりも先に旅立つ人がいたらどうでしょう。あるいは、四十代で子どもを残して亡くなる人がいたら、まして、幼い子を亡くしたら、

「これが定命です」「人は必ず死ぬものです」といった言葉は、慰めにはなりません。頭では理解できても、心が納得しない。悲しみが癒えるはずがない。

そんなときにも、残された人にできることはあるのでしょうか。

ある、と私は思います。

残された人にできることは、亡くなった人の思いを受け継ぐことです。そうして、亡くなった人を、自分の心のなかに宿し、ともに生きていくことです。

仏教では、「人は二度死ぬ」といいます。

一度目の死は、生まれ落ちたときから定められていた命（定命）尽きたそのとき。二度目の死は、残された遺族や近親者、あるいは、生前親しくしていた人たちの心のなかから、故人の存在が消えてしまったときです。

「たとえ肉体は滅んでも、人々の心に残る限り、生き続ける」

仏教はそう考えるのです。

「亡くなった父なら、こんなとき何を考え、どんな言葉を口にしただろう」

「あの子のかわりに、きょうはあの子の好きな音楽を聴こうか」

などと、故人に思いを巡らせることはないですか。故人が心のなかで生き続けるとは、そういうことです。

故人の声を直接聞くことは叶いませんが、二度目の死はひどく寂しいものであるはずです。であるなら、残された者は、故人を心のなかで生かし続けるのが務めではないか。私はそう思います。

各種の法要はきっと、そのためにこそあるのでしょう。法事のたびに、故人を知る人間が集まり、故人の思い出を語り合う。肉体こそ失われていても、そのとき、故人は私たちの心のなかで蘇っているのです。

私たちが忘れない限り、人は、二度目の死を免れることができるのです。時代を超えて生き続けることすら、可能になる。

考えてみれば、宗教がよい例かもしれません。

仏教でいえばお釈迦《しゃか》さま、キリスト教でいえばイエス・キリスト、イスラム教のムハンマド。彼らは、彼らの教えを信仰する人たちの心のなかで、何十世紀にもわたり、脈々と生き続けているではないですか。

同じように私たちも、大切な人を生かし続けられるはずです。

それは「故人に寂しい思いをさせないため」だけではありません。私たちの心のなかに、亡くなった人の魂が生きていると信じることで、悲しみは少しずつ癒えていき、その先に生きる道が見えてきます。

人間の肉体的な成長は二十歳を過ぎたら一段落しますが、心の成長は亡くなるまで続くのです。心のなかの仏さまは、その成長を導いてくれるものです。

「あの人の定命はこんなにも短かった。やり残しを抱えたまま旅立っていったのかな。それとも『やれるだけ、やりきった』と満足して旅立ったのか。本当のところはわからないけれど、自分の目には『やりきった』人生に見えた。あんなふうに自分も生きて、死にたい」

そんな思いに至ったとき、残された人は大切な人の死を受け入れ、新しい人生を歩み始めるのではないでしょうか。

残された者には、大変な試練になるかもしれません。

その試練を乗り越えることも含めて、残された人の務め。「故人の分まで生きる」とは、そのような日々のことだと、私は思います。

生きているうちは「生きる」ほかない

いずれ死を迎える運命にある私たち。
できることは「よく生きる」ことだけ。
生きて、生ききった末に死が訪れるのであれば、
それを受け入れるだけ。
それが「よく死ぬ」ということです。

大切なのは、今をどうやって、精一杯生きるか、ということです。

禅の教えは、ほとんどその一言に尽きると思っています。

身近な人を亡くした悲しみを癒やすためにも、そして、残された人たちがこれからよい人生を歩むためにも、です。

誰しも、自分の身近に死が巡ってこないようにと願っています。せめて、それが遠い先のことであればいいいと。しかし、そんな願いが届かないこともわかっています。

そうであるならば、そのような現実を、今、精一杯生きるまで。

鎌倉時代初期に曹洞宗《そうとうしゅう》を開いた道元《どうげん》禅師が、こんな言葉を残しています。

「たき木、はひとなる、さらにかへりてたき木となるべきにあらず。しかあるを、灰はのち、薪《たきぎ》はさきと見取すべからず。しるべし、薪は薪の法位《ほうい》に住して、さきありのちあり。前後ありといへども、前後際断《ぜんごさいだん》せり。灰は灰の法位にありて、のちありさきあり」(『正法眼蔵《しょうぼうげんぞう》』の「現成公案《げんじょうこうあん》」)

私たちはともすると、薪が前の姿であり、灰は後の姿であるというふうに、薪と灰をひと続きのものとして考えてしまいます。

「そうではない」と道元禅師はいうのです。薪は薪として、灰は灰として完結しており、薪と灰は連続していない。前後は断ち切れているのだと。

同じ教えが、四季を例にして語られたこともあります。

春夏秋冬は時の流れのなかでつながっているかのようでいて、実はそれぞれ独立している。冬が春になり、春が夏になるのでなく、前後は断ち切れている。

この話は生と死の話に、そのまま置き換えられるものだと思います。

死は生の後の姿ではなく、生は死の前の姿でもない。生の延長線上に死があるのではなく、生と死は断ち切れている。

私なりに解釈してみると、道元禅師はこういいたかったのではないでしょうか。生きているうちは、「生ききる」ほかない。生きているうちに死を思っても意味がないからです。そして、生ききった末に死が訪れたら、それを受け入れるしかない。そこで生が完結するからです。

生きている以上、いずれ死を迎える運命にあります。そのとき私たちがするべきことは、死を思い煩《わずら》うことではありません。今というこの瞬間をどうやって生ききるか、それだけを考えていればいいということです。あとのことは、仏さまにお任せすることにしましょう。

人が生ききるとは、「今、このとき」にできることをまっとうすることです。そのような「今、このとき」の積み重ねが、よい人生となるのです。仕事でも、勉強でも、趣味でも、自分がやるべきだと思うことであれば、なんでもです。

ときには、不安が頭をもたげることがあるかもしれません。

胸を張って「前後際断」を実践できているといえる人が、どれだけいることか。平和に生きていれば、過去に引きずられ、未来を思い煩うのが、私たち人間なのだと思います。

しかし、過去を悔やみ、未来におびえているばかりでは、「今」やるべきことができなくなってしまうでしょう。

そのためにも、「前後際断」の意識を、いつまでも磨き続けることです。

私にも、過去を悔いたり、未来を憂《うれ》いたりすることがあります。そんなときは、こう考えるようにしています。

過去からは、「学ぶ」。すでに起きてしまったできごとは、消しゴムで消そうと思っても消えるものではありません。できることがあるとしたら、その失敗から学ぶこと。同じ状況に置かれたとき、同じ間違いをしないことです。「間違いを繰り返さないために、今〇〇をしよう」と決めたのであれば、クヨクヨするのはおしまい。今やるべき〇〇に集中するのみです。

未来についての心配ごとは「転がさない」。

新型コロナウイルスの流行が収束しないために、将来の見通しが立たず、不安を抱えている人も多いと思います。客足が途絶え、お店を閉めるかどうかの決断を迫られている人もいるでしょう。

そうなると、開店時の借り入れ金はどうするのか、自宅のローンは、日々の生活費は、次の仕事はと「これから」の心配が膨らみ、止めようと思っても止められなくなります。

心配ごとは「雪だるま」と同じです。ひとたび転がし始めたら、どんどん大きくなり、コントロールが利かなくなります。それはやがて人の胸を押しつぶすほどの大きさになるかもしれません。

ですから、心配ごとは「転がさない」ことです。

きっと、心配するだけの理由が目の前にはいくつもあるに違いありません。それでも「それなら今、どうするか」に意識を向けるよう、努力してみてください。同じ力を使うのであれば、心配ごとの解決のため、必死の努力をするほうに力を注いだほうがいいと思います。今やるべきことをやれば、心配の種を減らせる可能性だってあるのですから。

「死ぬ時節には死ぬがよく候」

死がいつ、どんな形で訪れようと、
素直に受け入れる。
そんな態度でいられたなら、
心を乱されることもありません。

一休さんと同じぐらい日本人に愛されている禅僧といえば、江戸時代後期の曹洞宗の僧侶、良寛《りょうかん》さんです。

良寛さんは、死についてこんな言葉を残しています。

「災難に遭《あ》う時節には災難に遭うがよく候《そうろう》、死ぬ時節には死ぬがよく候、是《これ》はこれ災難をのがるる妙法《みょうほう》にて候」

大地震に遭った俳人、山田杜皐《とこう》への見舞い状にしたためられた一節です。

道元禅師のいう「前後際断」の教えに通じはしないでしょうか。

死ぬときがきたら、ただ死んでいけばよい。

死がいつ、どんな形で訪れようと、素直に受け入れる。それができたら、心がかき乱されることもないだろう、というのです。

そんなことが本当に可能なのかと思うかもしれません。死は恐ろしく、自分に巡ってきてほしくないもの、避けられるものならば避けて通りたいもの。そうですね。

しかし現実に、人生には自分ではどうにもならない苦しみがいくつもあります。お釈迦さまはそれを「四苦八苦《しくはっく》」といいました。

四苦とは「生老病死《しょうろうびょうし》」を指しています。

生きること、老いること、病むこと、そして死ぬこと。なかでも死が恐れられているのは、やはりいつ誰に巡ってくるかわからないからでしょうか。突然のことかもしれませんし、病で長く伏した挙げ句に旅立つのかもしれません。亡くなった当人の経験談を聞いて「ああ、死とはそういうものか」と知ることすらできないところが、なお怖いと思う理由です。

いずれにせよ、生老病死は、どれも自分にはどうにもならないことばかりです。それをどうにかしようとするから、迷ったり、不安になったりするのだとお釈迦さまは説いています。思い通りにならないことは、そのまま受け入れるしかない。それが死と向き合うときの妙法だとするのが、禅の教えなのです。

では、具体的にどうしたらいいのか。どうしたら、大切な人の死を、そのまま受け入れることができるのか。いつか訪れる自分の死までの日々を、どうしたら、よりよく生きることができるのか。

そのための考え方や心構えを、これからお話ししていこうと思います。

忘れないでおいていただきたいのは、すべては「今、ここから」始まるということです。

今、大切な人がいるのであれば、一度でも多く会う機会をつくり、お互いの無事を喜び合い、感謝の気持ちを伝えましょう。会えないのであれば電話で声を聞く。口でいうのが照れくさいのであれば、手紙をしたためる。手に触れ、体温を感じ、記憶する。

見送ったあとは、お墓参りをして、故人と対話する。法事をおろそかにしない。残された者たちと、故人の思い出話に花を咲かせる。お仏壇に手を合わせて、故人と一緒に食事をとる。

そんな日々のなかに、残されて生きる人の、心の整え方があるのです。

第 2 章

「見送る」からこそ、私たちはよりよく生きることができる

「見送り」は残された人の生に節目をつける

大切な人を喪う悲しみに「慣れる」
ということはないかもしれません。
しかし見送りを経て、
悲しみもいつか癒えると学んだ人の生き方には、
どんな嵐に吹かれても決して折れない竹のような、
しなやかさがあります。

望むと望まざるとにかかわらず、大切な人の死は、私たちの人生を大きく変えます。心に深く傷を負うばかりではありません。その死を受け入れ、立ち直り、故人とともに人生を歩むことで、私たちは成長していくのです。

それは、見送りが人生の「節目」になるからだと思います。

人はつい「明日も今日と同じ日が続く」と思ってしまいます。ところがある日、大切な人の死によって「今日と同じ明日が、こないかもしれない」と思い知らされるのです。そうであるならば、今日をどう生きるのか。そう考えるとき、人生に一区切りがつき、また新しい人生が始まります。

青竹が節をつくりながら空に向かって高く高く伸びていくように、人もまた、節目なしに成長はできません。

大切な人を見送り、その悲しみを受け入れた人は、それ以前とは違う人生を歩み始めるのです。それこそ「人の悲しみ、苦しみがわかる」優しさは、自らが悲しみ、苦しんだ経験から培《つちか》われるものではないでしょうか。

また、大切な人を喪うことに「慣れる」ことはできなくても、その悲しみがいつか癒えると知っていれば、心は折れません。まさしく竹のように、しなやかに、その日々を耐えることができます。

いいえ、その強靭《きょうじん》さは竹以上かもしれません。竹はある時点で成長を終えますが、私たちの心はどこまでも伸びていくからです。

禅は「終わり」や「完全」という考え方をしません。

修行を重ねていくことで、人は少しずつ、しかし着実に高みに上り、亡くなるまで成長は続く。大切な人の死のような苦難を経験すれば、人間はひと皮もふた皮もむける。禅はそう考えるのです。

わざわざ自ら苦難を求めにでかける必要はないと思います。

すでにお話ししたように、人間には「四苦」があります。遅かれ早かれ、避けがたい苦難が、私たちを襲うでしょう。それは親の死かもしれませんし、友人や仲間の死、ペットの死かもしれません。

その苦難から逃げず、受け止めることです。それが大切な人の弔いのためでもあり、私たち自身のこれからの人生のためでもあります。

裏を返すと、その機会を逃せば、人は節目をつくらないまま、ずるずると生きてしまう、ともいえます。

私たちは見送りの機会を必要としている。それがどれだけ悲しいことであろうと、私たちの人生は見送りとともにあるのです。

それでは「見送り」とは、具体的には何を指すのでしょう。臨終に立ち会うことでしょうか。お通夜やお葬式に参列することでしょうか。お墓の前で手を合わせることでしょうか。友人たちが、お別れの会を催《もよお》すことでしょうか。

もちろん、それらも見送りの一部だと思います。

しかし、残された人にとって本当に欠かせないのは、大切な人が亡くなった事実を、頭ではなく心で感じとることです。そうして、故人が傍《かたわ》らにいてくれた人生に区切りをつけ、新しい人生を歩み始めること。心のなかに、故人を生かし続けること。先立った故人の思いや考え方を受け継いでいくこと。それが、悔いが残らないお別れができたと納得すること、ではないでしょうか。

見送りとは、そのための機会すべてを指す。そう考えてください。

故人を前にすると
私たちは裸になる

大切な人の死は、

「あなたはこれからどうやって生きていきたいか」

という問いかけそのもの。

心のなかで故人が生きている限り、
私たちはその問いを考え続けることになります。

「見送りの機会が、私たちを成長させてくれる」

この考え方は、にわかには信じがたいものかもしれません。

声を聞くことも、手を握ることもできない故人が、どうして現世にいる私たちに影響を及ぼすことができるのか、と。

特に、お別れの日が差し迫っていない場合は、想像がつかない人が多いのではないでしょうか。

しかし、これも死の当事者になるとわかることの一つです。


大切な人が亡くなると、故人との対話が始まります。

「もし生きていたら、今の私に何を伝えたい？」

「今、何をしたい？　もし生き返ることができたら、どう生きる？」

「自分の人生をやりきった？　それとも、もっと別の生き方をしたかった？」

問いかけても答えが返ってこないことはわかっています。それでも残された人たちが故人に語りかけることをやめないのは、なぜでしょうか。

それは、自分自身の人生における道しるべのようなものを得たいからだと思います。

そのせいでしょう、故人のことを考えていると、いつしか、「これから自分はどうやって生きていくべきか」という問いにたどり着きます。もちろん、故人が直接に答えを教えてくれることはありません。その答えを知るのは、自分ひとりです。

「これから自分はどうやって生きていくべきか」と改めて考える機会が日常にあるかというと、多くはないと思います。職場でも家庭でも、今やるべきことが山積みで、すぐに答えを出せない問いを考える時間が足りません。

禅は「今、このとき」を精一杯生きることを説くものですが、足元ばかりを見つめていると、生きる道に迷うこともあるはずです。

そのときは顔を上げて、これまで歩んできた道、これから歩むべき道を見渡してみる必要があります。

「その時間もないから困っているんです」と、あなたはおっしゃるでしょうか。

しかし、大切な人の死は「これからどうやって生きていきたいか」という問いかけそのものです。

故人と対話しながら生きる人生が、そのときから始まります。故人が残された人の心のなかで生き続けている限り、その問いから逃げることはできません。季節は巡り、やがては故人の思い出も、喪った悲しみも薄れていくかもしれませんが、それでも故人との対話は続いていきます。

もともと、私たちの暮らしのなかには故人との対話がありました。

家にお仏壇が祀《まつ》られていたのは、そのためです。故人が他界して何年経とうと、少なくとも一日一度はお供えをして、ロウソクに火を灯し、お線香をあげ、手を合わせる。それは故人と対話するための時間にほかなりません。

それはまた、これからの自分を考えるための時間でもあるのでしょう。

故人を前にすると、人は思わず心が裸になります。仏さま（故人）を相手に嘘はつけません。そのとき心に浮かんだ言葉は、掛け値なしの本心です。

「これから自分はどうやって生きていくべきか」という難しい問いにも、納得がゆく答えを出せるに違いないのです。

逆にいえば、故人と対話する機会がないと裸の自分と向き合うこともできず、自分が本当に求めるものに気がつけないかもしれません。時間に追い立てられ、損得や勝敗ばかり追い求める短絡的な生き方から、抜け出す方法がありません。

そう考えると、日本の家から仏間《ぶつま》が消えようとしているのは、危ういことではないでしょうか。

特に都会の住宅はスペースの制約が大きく、仏間に割ける余裕がありません。仏間が消えれば、仏壇も消えていくのが道理です。

それは、故人との対話の場が消えたのと同じ。あとで詳しくお話しいたしますが、ご葬儀すら簡素化されつつある昨今です。

このまま故人と対話する時間が減り続ければ、残された人の人生に節目をつけてくれるものが、なくなります。また故人に「二度目の死」が訪れるのを避ける術も、ないように思うのです。

私からのお願いです。

ご自宅に仏間がないのであれば、リビングに置いても目立たないごく小さなもので結構ですから、家のなかにお仏壇をお祀りすることです。それも難しければ、お位牌《いはい》だけでもお供えすることです。

そうして、故人を相手に語り続けること。その時間のなかで、これからの人生を照らしてくれる道しるべが、見つかるはずです。

故人が
そこにいるがごとく、
ともに食事をし、
ともに暮らすこと

故人がいない生活が寂しく、
耐えがたいものとは限りません。
生前の故人がそこにいるかのように暮らし、
語りかけていると、心のなかに、
ありありと故人は蘇るものです。

例えば、長年連れ添った配偶者に先立たれ、一人残されたとき、人は何を思うのでしょう。

ともに暮らした数十年分の素晴らしい思い出があっても、ふとした瞬間、「愛する人はもういない」という現実に引き戻され、孤独に押しつぶされそうになることもあるでしょう。何をしていても毎日が虚《むな》しい。それまで大好きだった趣味も、やりがいのある仕事も、すべてが色あせてしまう……。

ある七十代の女性も、そんなことをおっしゃっていました。ご主人を亡くして抜け殻《がら》状態となり、どうやって暮らしたらいいかわからない、というのです。

「故人を生かし続ける」とは、言葉でいうほど簡単なことではありません。

お仏壇やご位牌、それがなければ故人の写真などが、ひとつの心の拠り所になるのも確かなことですが、私はその女性に、故人が「そこにいるがごとく」暮らしてみては、と申し上げました。

その女性は、毎年桜の季節になるとご主人とお花見をしていたそうです。でしたら、故人の写真を携えてこれまで通りお花見に出かけてはいかがですか、そうおすすめしました。

「去年の桜もきれいだったね」

「来年はどこに行こうか」

などと、生前と変わらない会話を交わしてみるのです。

それ以来、「今年は○○に行きました」「今年はコロナで遠出がままならないので、近所の公園ですませました」などと、明るいお手紙をくださいます。

故人がそこにいるかのごとく暮らすとは、こうしたことです。

例えば、故人と一緒に訪ねたところ、故人が生前「いつか行ってみたい」と話していたところを歩いてみるのもよいでしょう。それだけで寂しさが晴れるのです。つかの間かもしれませんが、心のなかに故人が蘇るのが感じられます。

先立たれた寂しさが、特に募るのが食事の時間だといいます。おいしいね、の一言に返事をしてくれる人も、ささやかな感動を共有してくれる人もいない。それが大切な人の不在を痛感させるのだと思います。

そうであるならば、食事も一緒にとることにしましょう。

法事にともなう食事会で、故人の分の食事を用意することがありますが、同じことです。お仏壇があるのであれば、自分が頂く食事と同じものを、日に三度、お供えしましょう。

食事のときも、大切なのは、そこにいるがごとく、です。

お仏壇にお供えをしたら、自分も一緒に、同じ食事をとる。自分の食事がすんだら、お仏壇のお皿も片付ける。また、冷たいお料理は冷たいまま、温かいお料理は温かいままでお供えするようにしましょう。生前の、元気なままの故人がそこにいると考えれば、当たり前の心遣いです。

故人が友人、知人であり、あなたの手元には写真しかないという場合は、故人のための食事と写真を、食卓に用意するとよいでしょう。

故人と同じものを見て、同じものを同じときに食べる。こうした心遣いをしていると、故人がいつも隣にいるような、温かい気配を感じるから不思議です。

自分の死が近づいてからでは遅すぎる

自分の死が近づいてから人生を考えるのか。
人の死をきっかけに人生を考えるのか。
お釈迦さまは後者をすすめます。
どれだけ悲しくても、
その機会をおろそかにしないことが、
悔いのない人生を送るための道です。

本当は、大切な人の死に直面する前に、自分の生き方を見直し、「よく生きる」道を選ぶのが、一番いいのだと思います。できる限り早く、「いつお別れのときがきても悔いはない、それが定命なのだ」と納得できる生き方をしようと思えたら、それだけ人生は充実することでしょう。

お釈迦さまが「四馬」の説法をしたのは、そのことを伝えるためです。

四頭の馬がいました。

一頭めの馬は、主人がムチを振り上げたその影を見るだけで、主人の意のままに動く馬です。

二頭めの馬は、主人のムチが毛に触れるか触れないかの瞬間、自分が走るべき道を悟って走ります。

三頭めの馬は、ムチでピシャリと叩かれた痛みに驚いて、ようやく走り出します。

そして四頭めは、ムチで叩かれた痛みが骨まで沁《し》みたとき、やっと走り出す馬です。

お釈迦さまの話は、まだ続きます。

四頭の馬はそれぞれ、人が死に接する際の態度を示しています。

ムチの影に驚いて逃げる馬は、たとえるなら隣の村で「人が亡くなった」という話を聞くだけで、「人は誰しもいつか旅立っていくものだから、悔いのない生き方をしないといけない」と悟り、早くから「よく生きる」道を選べる人です。

ムチが毛に触れて驚く馬は、同じ村で人が亡くなって初めて、死について考える人です。

ムチで体を叩かれて走り出す馬は、自分が特に親しくしている人に死が訪れてから、自分の生き方を変える人です。

そして、痛みを感じてから走り出す馬は、自分の身に死が訪れようとするときに、やっと生き方を考える人です。

それでは、私たちはどの馬を目指すべきでしょう。

お釈迦さまは、そう問いかけています。

あなたなら、どう答えますか。

誰しも、できることならば一頭めの馬のようでありたいと願うのではないでしょうか。

大切な人の身に死が迫る前に、心を整えておくこと。それができれば、いざその日がきても、悲しみを引きずらずにすむかもしれません。


しかし同時に、それがどれだけ困難であるかも、私たちは想像がついています。人は、若く健康であるうちは「いつか自分の命が尽きる」とも「あの人にも旅立つ日がくる」とも、思いもよらないものです。「あと三ヶ月の命しかない」などと余命を告げられて、あるいは旅立った人に思いを馳《は》せてはじめて、ようやく「よく生きる」道を考え始めるのが、普通だと思います。

「気づくのが遅い、修行が足りない」と、お釈迦さまにお叱りを受けてしまうかもしれません。

その通り、私たちの成長はいつも、遅々たるものです。であるからこそ、私たちにできるのは、せめて、大切な人を見送る機会をおろそかにせず、よりよい自分の生き方へとつないでいくことだと思うのです。

少し、私の個人的なお話をしようと思います。

私は十四年前、先代住職である父の死をきっかけに、これからどう生きるべきかを改めて考えました。

父は、亡くなる前日にも草取りを三時間もやり、当日は朝から境内《けいだい》の掃き掃除をして、それまでと変わらず忙しく過ごしていました。

異変といえば、午後に転倒して胸を少し打ったくらいです。念のため家族が病院に連れていくと、「肋骨にヒビが入っていますが、大したケガではないですよ」との診断。今思うと、悪い予感がまったくなかったわけではありませんでした。

しかし、だからといって、まさかその日の夜のうちに亡くなってしまうとは……。ピンピンコロリといえば聞こえはいいですが、あまりに突然の旅立ちでした。どうしてこんなことに？　と、信じられない思いでした。

それでも、残された人間として、自分の役目を果たさなければならないと思ったことを覚えています。

葬儀までの数日間、身体が冷たくなった父のそばについていました。どうやって父親の遺志を継いでいくか、これからどう生きたら父に喜んでもらえるのかと、そればかり考え続けていました。

それから父の人生を振り返ってみました。

確かに突然の死でしたが、禅僧らしく、今を精一杯生きて、生きて、生ききった人生でもあります。亡くなるその日まで、禅僧であり続けたのですから。

そんな父の人生を超えるのは無理かもしれませんが、私は心に決めました。

私が世のお役に立てるならばどんなことでも、自分ができる精一杯をやって、後に悔いを残さないようにしよう。

これからも、少しでも穏やかに人々が暮らせるよう、禅の心を広くお伝えしていこう。

そう思っています。

「納得」がなければ人は前を向けない

「ピンピンコロリ」は、
本当によい死といえるでしょうか。
長い闘病の末の死は不幸な死でしょうか。
残された人の感情は、
そう簡単に整理できるものではありません。

それにしても、よい生、よい死とは、いったい何なのでしょう。私たちは、先に逝った人を思いながら、そう問わないではいられません。禅は、その答えを直接的に教えてくれるものではありません。何をもってよい悪いとするかは、人それぞれの基準があるべきです。

とりわけ、他人の生き死にをよい、悪いと断じて許される人がいるとは、私には思えません。

ただし、自分自身の「よく生きる」ということを考えるときには、仏教の「善因善果《ぜんいんぜんか》」「悪因悪果《あくいんあっか》」という言葉が、役に立つかもしれません。

すなわち、自分がよい原因をつくればよい結果に結びつき、悪い原因をつくれば悪い結果に結びつく。わかりやすくいえば、よいことをしていれば悪いことは起こらないとする、「因果応報」にも似た考え方です。

例えば、多くの人に惜しまれ、「あの人はすごい人だった、仕事にひたむきだった」などと語り継がれる人がいるとしたら、それは生前によいことをなしたからだろう、と仏教では考えます。

逆に死後もなお憎まれる人がいるとすれば、生前に悪の因があったのだろうと考えます。

それでも「どういう死に方がよいか」という問いに答えることは難しいのですが、最後はそこに至るまでの生に「納得」があるかどうか、だと思います。

昨日まで元気だったのに突然死する人もいれば、長患いをして苦しむ人も、草木が枯れていくように静かに亡くなる人もいます。

百人いれば、百通りの亡くなり方があり、誰かにとってのよい死が、誰かにとっての悪い死であっても、何らおかしくありません。

例えば、世間でいわれるように「ピンピンコロリ」がよい死だと決めつけてよいものでしょうか。苦しむ間もなかったという意味では、安らかな旅立ちなのかもしれません。しかしご遺族は、口を揃えておっしゃいます。

「少なくとも一年ぐらい看病して、見送りに備える時間がほしかった。何の心の準備もしないまま亡くなってしまい、これからどうしていいのかわからないというのが、正直な気持ちです」

一方で、苦しい闘病生活を経て亡くなった方のご遺族が、意外なほど晴れやかな表情をされていることがあります。

「確かに、闘病は大変で、体力も時間もお金も使いました。でも、やるだけのことができて、自分では納得しています」

筆舌《ひつぜつ》に尽《つ》くしがたいご苦労があったはずですが、なぜこうした明るい言葉が聞けるのでしょうか。それは、闘病生活を通じて故人との濃密な時間を過ごし、見送りの機会を持てたからだと思います。おかげで、死を受け入れる心を整えることができたということなのでしょう。

故人にとってのよい死、残された人たちにとってのよい死、そして第三者から見たよい死は異なるのかもしれません。

それはとりもなおさず、あなたはあなたの、よい生、よい死を追い求めるほかないのだと思います。

「見送り」の継承が途切れようとしている

葬儀が簡素化され、
自宅からは仏壇が消えつつあるのは、
私には非常に寂しいことに思えます。
見送る機会がなければ、
残された人は喪失感を長く引きずり、
人生の節目となるものも失うでしょう。

繰り返しになりますが、大切な人を見送るなど、望む人はいないはずです。とはいえ、十分な見送りがなければ、逝く人はこの世に後ろ髪を引かれたまま旅立つことになります。

残される人も、見送りの機会を持つからこそ、悲しみの日々に区切りをつけ、その後の人生を歩むことができるのです。もしかしたら、それ以前にも増して、よい人生を歩めるかもしれません。さらには、故人の遺志を継ぐことが、故人を心のなかで生かすことにもなるのです。

私が申し上げたいのは、そういうことです。

しかし、心配でならないことがあります。

「見送る」機会そのものが失われつつあるとしたら、残された人の生はどうなるのでしょう。

何しろ、死そのものが克服されかねない時代です。iPS細胞によって、古くなった組織や臓器を車のパーツを交換するように入れ替えられる世界が、現実味を帯びてきています。

死がなくなれば、見送りもない。そんなSFのような世界が実現するのは、まだまだ先のことかもしれません。しかしこの足元でも、私たちの暮らしから見送りの機会は消え始めています。

象徴的なのは、葬儀の簡素化です。新型コロナ禍のせいもあり、お通夜《つや》を行わない「一日葬」が広まっています。

自宅での葬儀も、ずいぶん減りました。かわりに葬儀会館で行われるのですが、自宅から離れた会館が選ばれる傾向があります。近隣の注目を避けてひっそり見送りたい、という意向の表れでしょうか。

さらには、身内や親族のみで執《と》り行う「家族葬」も増えています。親しい間柄だけで行われる葬儀であり、その分、ゆっくり見送る時間がとれるのはよいことですが、友人や仕事仲間など、参列したくてもできない人が出てくる可能性があります。

それどころか、親族でさえ葬儀が終わってから知らされるケースも少なくありません。遠方で暮らす高齢の方に参列してもらうのは申し訳ない、感染リスクの高い場所に招くわけにはいかない、といった配慮のためです。

さまざまな事情があることは、わかります。

ですが、見送りの機会を奪うことが、本当に故人のため、残された人たちのためになるのかどうか、考えなければならないと思います。


百歩譲って、亡くなる当人が「自分が死んだ後のことは、どうでもいい」とおっしゃるのは、わからないでもありません。

禅語にも、「人生一夢中《じんせいいちむのなか》」とあります。

人生は一瞬の夢に過ぎず、あっという間に過ぎ去ってしまうもの。ものごとの是非、損得、勝敗などに執着している暇はなく、この世の真理とともに生きていくことが何より大切である。これは良寛さんの言葉です。

室町時代中期の能役者に金春禅竹《こんぱるぜんちく》という人がいます。世阿弥の能を独自に発展させ、金春流の基礎を固めた人です。金春禅竹の『江口《えぐち》』という題目は最後、「この世は一夢の中」の台詞《せりふ》で終わります。これも人生一夢中からきています。

しかし、残された人は、堪《たま》らないと思います。

見送りの機会がなければ、大切な人の死を納得できず、新しい人生を始めることもできません。

そもそも、悲しみに区切りをつけられないのは、非常に残酷なことです。喪失感を長く引きずり、前を向けず、自分の行き先を見失います。

その永遠に続くかのように思える苦しみは、ときに残された人の心を壊してしまうほどです。

これは葬儀だけの問題ではありません。

私たちの暮らしから、老いや死の体験そのものが消えようとしています。

長らく、死は私たちの暮らしのすぐそばにありました。

おじいさん、おばあさんは孫たちと同居していましたし、病院ではなく家のなかで死を迎えるのも日常のことでした。

歳をとり、具合が悪くなっていく祖父母の姿を、孫たちは見ていました。

「具合はどう?」

「きょうはずいぶん調子がいいよ」

そんな何気ないやりとりのなかにも、しだいに祖父母の身体が弱っていく様子が感じられるのです。声は小さくなり、布団から起き上がれない日が増えていきます。やがて死が訪れ、身体が冷たく、固くなっていきます。孫たちは、そうして人が変わりゆくさまを目にし、

「人が死ぬとはこういうことだ」

「いずれ自分もその日を迎えるんだ」

と学びました。

葬儀となれば、自宅に親族をはじめ友人、知人、ご近所さんとたくさんの人が集まり、お見送りをしました。そんな大人たちの姿から、孫たちは、

「人を見送るとはこういうことだ」

「たくさんの人に惜しまれる人の最期とはこういうものだ」

と学びました。

そのようにして、人を見送るための知恵や儀式は、上の世代から下の世代へと受け継がれてきたのです。

その継承が、今は途切れてしまいました。

核家族化が進み、孫たちとおじいさん、おばあさんは離れて暮らすようになりました。孫たちが祖父母に会うのは、コロナ前であっても一年に一度か二度でしょうか。それも元気なうちのことです。歳をとれば老人ホームに入居しますし、終末期は病院で迎えます。元気だった祖父母が少しずつ弱り、死に近づいていく過程を孫たちが見ることはありません。

これでは、見送る心の準備ができなくても致し方ないと思います。

いってみれば、かつては「線」で捉えていた死を、今は「点」でしか捉えていないのです。仮に、棺桶《かんおけ》のなかで眠る遺体を見ても、連続ドラマの最終回だけを取り出して見るようなもので、心が動きません。身近な人の死に触れてもなお、死は「他人事」のままというわけです。

「私のおじいちゃん、老人ホームに入っていたんだけど、急に具合が悪くなって、最期は病院で亡くなったんだって」

故人がどんなふうに生きて、どう亡くなったかを知らない以上、「〜だって」

という伝聞の形でしか人の死を語れないのです。

こうして、大切な人を見送り、死の当事者になる機会が失われていく。自分の人生に、節目をつける機会を奪われていく。

このような時代には、私たち一人ひとりが、できる限りのことをするしかないのだと思います。

大切な人との別れを予感しているのであれば、時間を惜しまず言葉を交わすこと。老いた両親と離れて暮らしているなら、年に二回だった帰省を三回に増やしてみること。葬儀に参列できなかったなら、お墓に手を合わせに行くこと、有志でお別れ会を開くこと。

それだけのことで構わないと思います。それで十分だとは思いませんが、いつ訪れるかわからないその日のことを思いながら、どんな形であれ、今すぐできることを始めることです。

いつか「見送ってもらう」その日のために

「見送り」の知恵を
次の世代へと引き継ぐこと。
それは、いつか自分がこの世を去る
その日のためでもあります。
親から学び、子どもたちへ伝えることです。

大切な人をどう「見送る」かという問題は、本来すべての人が当事者です。人と関わり、家族や友人をつくり生きていく限り、それは変わりません。であるからこそ、人を見送るための備え、知恵というものが、世代を超えて継承されてきたのだと思います。

継承というと大げさに聞こえるかもしれませんが、知らず知らずのうちに親から子へと受け継がれていくものがたくさんあります。

お墓参りや仏壇のお供えにしても、言葉で教わるものではないでしょう。子どもたちは親の背中から学んでいきます。

例えば、頂き物のお菓子などを開けようとすると、「仏さまにお供えしてからね」などとたしなめられた経験はありませんか。こんなふうに親が故人とのつながりを感じて暮らしていれば、子どもたちの代にも受け継がれていきます。

故人を前に親たちがしていた通りのことを、大人になってからするでしょう。たったそれだけのことですが、これだけのことだからこそ、一度継承が途切れると、取り戻すのは至難のことともいえます。

すでにお話をしたように、日本の住宅から仏間、仏壇が消えようとしています。子どもたちは塾に部活にと大人顔負けに忙しく、親のお墓参りについていく時間もありません。子どもが大人になり自立してからも、「わざわざ帰省させるのも悪い」と、親たちは遠慮しています。

どれも些細《ささい》な生活習慣の変化です。しかし現に、親の死後「どうしていいかわからない」とおっしゃる方が増えているのを、私は実感しているのです。

もちろん、葬儀社に任せれば、儀式そのものは粛々《しゅくしゅく》と進んでいきます。初《しょ》七日《なのか》や四十九日など、葬儀後の法要も決まったものがあり、その意味では迷わないですみます。

しかし、残された人の「心の問題」はどうでしょう。大切な人の死をどう受け止めるのか。故人とともに生きるとは、どういうことか。それを親から継承していないと、途方に暮れてしまうのです。

私はこう思います。この継承を守ることも、後に残された人たちの務め。自らの意思で親から学び、子どもたちへと伝えるのです。

昔、こんなお檀家さんがいました。

おばあさんの後に、いつも男の子がついてくるのです。おばあさんがお墓を掃除している間中、男の子は境内を走り回ったり、水をかける柄杓《ひしゃく》でふざけたりしていました。

時が過ぎ、おばあさんが亡くなると、男の子は一人でお参りを続けました。お墓のなかには男の子の父親が眠っていました。

男の子の姿を見かけなくなった時期もあります。進学や就職のために故郷を離れたのでしょう。私はいつしか、彼のことを忘れていました。しかし十年ほどが過ぎた頃、彼は戻ってきたのです。それも、今度は自分の子どもを連れて。

継承とはこういうことです。

この男の子に限らず、子どもやお孫さんと一緒にお墓参りをしているお檀家さんほど、落ち着いた見送りができている印象があります。

私が、この問題について繰り返し語るのは、今生きている人のため、あなた自身のためでもあります。

故人とのつながりが希薄な暮らしが、次の世代へと受け継がれていくとしたら、と想像してみてください。

それは故人のみならず、今生きている人にとっても、ひどく寂しいものであるはずです。なぜなら、故人の「二度目の死」が避けがたくなっていることを意味するからです。いずれ亡くなるあなた自身も、きちんと見送ってもらえない未来を、思い描いてしまうでしょう。

誰も、そんな未来を望んではいないはずです。

見送りの継承を、途切れさせてはいけません。

もし、あなたがご家族をお持ちで、子どもがいるのであれば、ぜひ故人と食事をして、故人と暮らすさまを見せてあげてください。

繰り返しますが、無理に教えようとしなくても構いません。子どもは親の背中を必ず見ています。あなたが、故人を大切にしているのであれば、あなたの子どもも、故人がそこにいるかのごとく、共に暮らすとはどのようなものかを学ぶでしょう。あなたが亡くなった後で何をすればいいかも学ぶことでしょう。

自分が亡くなっても、残された人たちはきっと忘れずにいてくれる。

そう思えれば、静かな心で死を受け入れられるような気がしてくるのです。

第3章

現代社会で大切な人をどう「見送る」か？

「けじめ」悲しみに区切りをつける儀式

葬儀は、お別れの儀式です。
それは、故人の安らかな旅立ちのため。
そして残された人の悲しみに、
「けじめ」をつけるためでもあります。

二〇二二年、ある方にこんな話を聞きました。

東京某所の大きな斎場《さいじょう》でお通夜をしたところ、普段なら明るいはずの夜の斎場が真っ暗だったのです。つまり、お通夜をしていたのはその方々のみ。タクシーは一台も止まっていなかったそうです。

私の記憶にもない事態が今、起こっています。2章でも少し触れた、葬儀の簡略化です。

特にコロナ禍では「感染リスクを高める〝三密〟を避けるため」にと、参列者を少人数に絞る「家族葬」や、お通夜を行わない「一日葬」が目立つようになりました。

もっとも、葬儀の簡素化はコロナ禍だけのせいではありません。

例えば一日葬には、ご遺族の負担が軽減される側面があります。費用は抑えられますし、参列者に食事を用意する「通夜振る舞い」も不要です。

また葬儀社の側にも、一日葬を歓迎する理由があります。一日葬のほうが拘束時間が短く、かつ利益率が高いのです。

葬儀社どうしの競争も激しく、葬儀あたりの単価が下がっていると聞きます。

そうなると「一日葬を数多くこなしたほうが儲かる」と判断する葬儀社が出てきても、何ら不思議ではありません。その上で、コロナの影響も加味されるのです。葬儀社に、「お年寄りの感染リスクが心配ですから、一日葬はいかがですか」とすすめられたら、ご遺族はなかなか断れません。

私たちお寺はというと、はっきり二つに分かれている印象です。

葬儀社と同じく、「一日の拘束ですむなら、一日葬がいい」と割り切るお寺もあります。

一方、一日葬で全力のご供養をしつつ、「それでは足りない」と、さまざまな工夫をしているお寺もあります。例えば、「より丁寧なお見送りを」とご提案する形で、葬儀の前日に代表の方だけ葬儀会場においでいただき、お通夜にかわるご供養をするお寺。

また、一日葬であっても落ち着いたお別れができるよう、「葬儀の時間を長くとってください」と葬儀社にお願いするお寺もあります。

私自身、「お一人でもお二人でも結構ですから、前日に葬儀会場に来ていただければ、ご供養させていただきます」と申し上げています。

やはりコロナの影響から、葬儀をせずご主人を火葬にした女性がおっしゃっていました。

「まだ亡くなったと思えなくて。主人がそのあたりにいるよう気がします」

ご主人の死を受け入れられないのです。これはおつらいと思います。


葬儀の簡素化の背景に、さまざまな事情があるのは承知しています。

それでも、故人を仏さまの世界にお見送りするため、またご遺族の心に「けじめ」をつけるためには、しかるべき儀式が必要だと私は考えています。

ご葬儀に参列し、僧侶が読みあげるお経を聞き、ご焼香をし、ほかの参列者とともに故人の思い出を語り合うと、

「あの人は、本当に亡くなってしまったんだな」

「もう取り返しがつかないところまできてしまったんだな」

と心が納得します。悲しみから立ち直り、新しい人生に向かうための「けじめ」がつくのです。

「看取《みと》り」
死に目に会えない時代にできること

理想の看取りに立ち会える機会はきわめてまれです。

しかし、その場に立ち会えなくても、「心を届けられた、できる限りのことをやった」と納得できる別れもあります。

お見送りは、看取りの瞬間から始まっているのだと思います。特に、故人と近い関係にあるご家族は、その機会に立ち会う可能性があります。

本人やご家族にとって理想の最期があるとしたら、「自宅で、家族が見守るなか、老衰のような形で、静かに亡くなる」という形を思い描くのではないでしょうか。

それくらい私たちは、家族を看取る、家族に看取られることを望んでいます。病院によっては、いよいよ最期が近くなると、ご家族が二十四時間付き添うことを許してくれるところがあります。

実際、臨終《りんじゅう》の瞬間まで寄り添えたご遺族は、「親の死に目に会えて、本当によかった」と、どこか晴れ晴れとしているものです。

見送る側にとって看取りとは、「何とか息を吹き返してもらいたい」と心から祈る時間でもあります。

多くの場合、心臓か呼吸のどちらかが、ゆっくり弱くなっていきます。やがて機械のメーターで何とか測れる程度に弱くなるのですが、ご家族が声をかけたり、身体をさすったりすると、メーターが反応するのです。

私の父は幸いにも家族に見守られて旅立ちました。声をかけても目は閉じたまま、しかし心拍数や呼吸が反応しました。私たちは「聞こえてる、聞こえてる」と喜び合ったものです。

そんな経験をすると「最期の最期まで寄り添えた、故人も自分たちもやるだけのことはやった」という納得感が強く残るのです。

しかし現実はというと、そのような理想の看取りはきわめて少数です。大半の方は、自宅ではなく病院で亡くなります。

病院であれば看取れるかというと、それも難しいものです。すぐ病院にかけつける準備ができていても、看護師が定時巡回していても、「気づいたら息を引き取っていた」というケースが圧倒的に多い。つまり、二十四時間付き添っていない限り、「死に目に会える」可能性はかなり低いということです。

これは「死に目に会えないのは特別なことではない」という慰めにもなります。しかし、それで後悔がないかといえば、嘘になるでしょう。いずれは自分も一人旅立つのかと思うと、実に寂しい。

大切な人との永遠の別れが近いと予感しているのであれば、生きているうちにできる限りのことをするしかないのだと思います。

二度と会えないかもしれないけど、やるだけのことはやった。そんな一日を積み重ねていくことです。

看取りの形にもこだわらないことです。その場に立ち会えなくても、心は通じたと信じられる別れがあります。

ある人は、早朝に「そろそろ危ないかもしれません」と病院から電話がかかってきたそうです。すぐ移動しても最期にはとても間に合いそうにない。それでも、スマホのスピーカーフォンを通じて「ありがとう」と伝えたそうです。

「もちろん返事はありませんが、正直な気持ちを伝えることができました。『きっと届いた』と思えるだけで、気持ちが楽になるものですね」

こうした文明の利器も、使えるだけ使ったらいいと思います。どのような形であれ「そばにいられた、心を伝えられた」という記憶を残せたのであれば、それは幸福な看取りといえるのではないでしょうか。

「枕経《まくらぎょう》」故人が自宅へ帰れなくなった

死後、自宅にご遺体が戻れないことさえある時代です。
僧侶が枕元でお経をあげる「枕経《まくらぎょう》」の儀式も消えつつあります。

新型コロナ禍は、人の見送りにも大きな制限を強いることになりました。

感染拡大を防ぐためとはいえ、面会を制限されたままお亡くなりになった方々は、大変気の毒なことです。

今でこそ緩和されましたが、当初はご遺体の扱いにも制限がありました。ご遺体からの二次感染が懸念されたことから、納体袋《のうたいぶくろ》に包まれた状態で、病院から火葬場に直接運ばれることが多かったのです。その場合、家族との接触も最小限とされ、お骨になってからでないとご遺族の元へ帰れませんでした。

ご遺体に触れることも、お顔も見ることさえできないまま、大切な人がお骨になってしまう。ご遺族には到底受け入れ難い状況だったと思います。

その後のご葬儀も、伝統の通りとはいきません。故人は骨壺のなかですし、ご遺族が濃厚接触者と見なされた場合は、葬儀の自粛を余儀なくされました。

これでは、納得がいく見送りはできません。残された人の気持ちの整理など、つくはずがありません。

そんな事態を憂慮するお寺のなかには、故人との思い出をご遺族にうかがう機会を設けたり、四十九日などの法要に合わせて、ご葬儀にかかわる式をご提案しているところもあります。

お葬式の儀礼には本来、一つひとつ深い意味があります。それは、はるか昔のご先祖さまから綿々と受け継がれてきた見送りの知恵でもあります。突然「もう、やめた」というわけにはいかないと、私も思います。

「枕経《まくらぎょう》」も、経験したことのない方が増えています。これは本来、大切な人が亡くなってから最初に行われる儀式です。

「自宅ではなく病院で亡くなる方が圧倒的に多い」と申し上げましたが、それでも昔は、火葬前に一度、ご自宅にお帰りいただく余裕がありました。そのとき僧侶が枕元でお経をあげることを枕経といいます。亡くなって初めてのお経であり、これから旅立つ故人に安心していただくためのお経です。

枕経の機会が減ったのは、そもそも自宅にご遺体を安置すること自体が難しくなっているためです。

ひとつには住宅事情のせいです。一戸建てならともかく、マンションの場合は、エレベーターに棺《ひつぎ》が入らず、自宅まで運べないという問題が起きています。

また、病院や葬儀社の側の都合もあります。

ご臨終のあと、死亡診断書の作成と、ご遺体の処置がすむと、できるだけ早く病院を出るように伝えられます。安置室を備えた病院もありますが、それでも「すぐお引取りください」と言われるのが常です。

大切な人を亡くした直後にもかかわらず、ご遺族は速やかに葬儀社を手配し、ご遺体を搬送しなければなりません。大きな病院であれば提携している葬儀社が控えているため、すぐに搬送の段取りが整えられます。

ひと昔であれば、ここでご遺体を自宅に運ぶところですが、葬儀社にはそれを避けたい事情があります。

ネットで検索すればより料金が安い葬儀社がすぐ見つかる時代です。高齢化にともない、葬儀業界は新規参入が相次いでいます。そのため競争は激しくなり、料金の低価格化が進んでいるのです。

世知辛《せちがら》いことですが、「ご遺体から目を離してはいけない」というのが葬儀社の鉄則です。こうして葬儀社は「ご遺族の負担にならないよう、葬儀社や斎場の安置室でお預かりします」と提案することになります。

ご遺族にとって悪いことばかりとは限りません。お通夜前に面会したり、ご遺族が宿泊できるスペースが設けられている安置室もあります。

とはいえ、そんな安置室ばかりではないのが問題です。なかには、故人との面会ができず、僧侶も枕経をあげられず、お通夜になってようやく故人のお顔を拝める、という場合もあります。

こんな状況では、「それでも納得がいく別れができる」とはなかなか思えません。

しかし現実には、やむを得ない事情に流されるようにして、望まないお見送りの形を強いられているのではないでしょうか。

改めて私たちは、私たちが本当に望むお見送りの形を、考えるべきなのだと思います。

二〇二二年、イギリスのエリザベス女王が亡くなり、ロンドンで国葬が執《と》り行われました。史上最も長く君主を務め、イギリス国民に愛された女王の葬儀です。世界各国の要人を含む、二千人もの参列者がありました。追悼曲などの選曲には女王のリクエストが反映されたそうです。女王は生前、葬儀に関するすべての行程に目を通していました。

その規模も荘厳《そうごん》さも、一般の葬儀とは比較になりません。

しかし、そこに込められる「心」に差があるはずはありません。人生の締めくくりとして、これ以上ないものを用意したいという願いに、違いはない、と思います。

そう信じられる葬儀とはどのようなものか、残された人は考える必要があるのではないでしょうか。ご遺族はもちろん、葬儀社も、私たち僧侶も皆が考えるべきこと。それが旅立つ方の尊厳を守ることにもつながるのだと思います。

そのためには、何が必要になるでしょう。

確実にいえるのは、生前からの準備です。
「遺体になっても、せめて一度は自宅に帰らせてあげたい」
「生前と同じように、家族との時間を過ごしてもらいたい」
そんな会話をする機会を、ご家族皆で持つことです。

「亡くなる前からそんなことを口にするなんて縁起でもない」と思われるかもしれませんが、「終活《しゅうかつ》」のひとつとして、おすすめしたいと思います。

直後のご遺族は気が動転していますから、皆の意向をまとめる余裕などないことがほとんどです。すぐに葬儀社もやってきます。そのとき「葬儀社にぜんぶお任せ」としないために、早くから備えるのです。

またご本人が「自分の葬儀では、こんな音楽を流してほしい」「こんなものを棺に入れてほしい」など、ご希望されることもあります。

逝く人にとっても、見送る人にとっても、思い通りの葬儀をするには、生前の相談が欠かせないと思います。

そうして「一度は自宅に帰りたい、帰したい」という意志を確認できたら、家族で共有しましょう。葬儀社にどのような提案をされようと、「自宅に帰したいです」と皆ではっきり伝えれば、必ず応じてもらえます。

生前であれば、良心的な葬儀社を探す時間も確保できます。葬儀の内容も、価格も、葬儀社によってまちまちです。

「故人が好きだった○○を祭壇に飾りたい」

「参列者にお渡しする引き出物は○○にしたい」

などと細かく希望すれば、また価格が上下するでしょう。

時折、

「料金が安いと思って依頼したら、後になってオプションをいくつも追加されて、結局は高くついてしまった」

という声を聞くことがあります。これも、事前に見積もりを出してもらうことで避けられる事態です。逝く人、見送る人の双方が納得がいく葬儀をするために、ぜひ一度考えてみてください。

「お葬式」「ひとつ」になれたら いいお葬式

お葬式にはさまざまなお作法があり、
それら一つひとつに意味が込められています。
しかし何より肝心なのは、
故人を通じて皆が「ひとつ」になることです。

「いいお葬式だったね」

と、参列者の方が後で振り返りたくなるようなお葬式があります。

いいお葬式とはどんなものでしょう。

参列者の数や規模はさまざまですが、ひとついえるのは、「皆の気持ちが故人に向けられていること、故人を惜しみながら、心を込めて送り出そうとしていること」

そんなお葬式ほど「いいお葬式だったね」という声を聞くことが多いように思います。要は、故人を通じて「皆がひとつになる」ことが肝心。その意味で、いいお葬式とは「皆でつくるもの」といえるかもしれません。

思えば、葬儀というのは不思議な場です。

ご存知の通り、お葬式にはさまざまなお作法があり、それら一つひとつに意味が込められています。とはいえ、決まりきったお作法を守ればいいのかというと、そうではないのです。

参列者にしても、故人を通じたつながりではありますが、初対面の関係者も多いでしょうし、かりに顔見知りであっても、付き合いが深いとは限りません。それにもかかわらず、故人のことを語り始めるといつまでも話が尽きないのです。それが素晴らしい。その日、その場所に、たまたま同席した人が、故人を通じてひとつになれる時間が、そこにはあります。

「生前は年がら年中、怒鳴り合いの喧嘩をしていたのに、見送ったあとは、嫌な思い出は全部消えて、いい思い出しか残っていないんです」

お檀家さんからも、よく聞くお話です。

お経を読みあげる僧侶もまた、言葉の意味を一つひとつ理解して読んでいるかというと、それは違います。私たちは、ただひたすらに、自分がお経そのものになるかのようにお経をあげているのです。「この言葉の意味は何だっけ?」と考えながらでは、お経とひとつになれません。

「喫茶喫飯《きっさきっぱん》」という禅語があります。

お茶を頂いているときには、お茶そのものとひとつになり、ご飯を頂いているときにはご飯そのものとひとつになる、という意味です。

すごく当たり前のように感じますが、お茶を頂きながらスマホを見ている、ご飯を頂きながらテレビを見ている、ということはありませんか。これではお茶の味も、ご飯の味もわからずじまいです。これと同じように、お経をあげているときは、お経そのものとひとつになることを禅では何よりも重んじています。

いい声でお経をあげようとか、人の心に響くお経をあげようと考えること、これも邪念です。ただただ、無心にお経とひとつになること、これが何より大事なのです。

そんな空間を共有していると、皆の心がひとつになります。そうして故人を送り出せたら、「いいお葬式だったな」という気持ちが後に残るのです。

それでは、どうしたら皆の心をひとつにできるのでしょう。

参列者は、ただただ、全身をお葬式という空間に委ねていただくのがいいのです。お作法よりも、悲しみきること、泣きたいときには泣くこと、故人の思い出を語り、彼岸へ旅立つ故人に思いを馳せることです。

ご遺族の側には、そのための時間を確保できるよう、十分に気を配っていただきたいと思います。

というのも、事務的で流れ作業のように進行していくお葬式を、時折見かけるのです。また「火葬場の時間がありますから、間に合わなくなりますから」と葬儀社に急《せ》き立てられることもあります。

実際「約束の時間に遅れたら後回しにする」などのルールが火葬場によってはあるようですが、それは参列者の思いより優先されるべきものとは思えません。

やはり、事前の備えが必要です。当日その場の仕切りは葬儀社に助けてもらうにしても、打ち合わせの際などに「お別れの時間には余裕を持たせてください」などと伝えておきましょう。

「お別れ会」遺族が知らない故人を友人たちは知っている

故人には、家族にも知られていない顔があります。
それを知っているのが、
友人、知人、仕事仲間たち。
彼らと語り合うことも、供養の時間になります。

友人や仕事仲間たちが、独自の「お別れ会」を企画したり、連れ立ってお墓参りをしたりするのも、素晴らしいことだと思います。

ある方は、親友だった故人のためホテルの一室に遺影を飾り、献花する機会を設けたそうです。その一週間後には、故人が愛したジャズに因《ちな》んで「〇〇をジャズで送る会」を企画。故人が数十年通ったピアノバーを会場に、故人が贔屓《ひい》屓《き》にしていた音楽家を集めました。

「私たちにとって、故人はそれだけ大切な存在だったんです。手間はかかりましたが、送る会を企画するのは自然の流れでした」

故人の人柄が偲《しの》ばれるエピソードだと思います。

今、家族中心で故人を見送る「家族葬」が増える傾向にあります。しかし、故人の死を悼《いた》んでいるのはご家族だけではありません。友人、知人、仕事仲間にも心残りがあり、けじめを必要としているのです。そこで、葬儀に参列できなかった友人、知人たちが皆で集まる機会として、お別れ会を企画するケースも増えているようです。

家族葬には、故人とのお別れの時間をゆっくり取れること、リーズナブルであることなど、選ばれるに十分なメリットがあります。しかし残された人たちの「けじめ」という葬儀の役割を考えると、「参列したい」と思ってくださる方々が皆集まれるなら、それにこしたことはないと思います。

それはまた、ご遺族のためでもあるのです。

なぜなら故人の友人、知人、仕事仲間から見た故人の顔を教えてもらえるからです。家族であっても、誰かの上司としての顔や、誰かの同級生としての顔など、知らない故人の顔があります。彼らの話を聞く機会は、じつに貴重です。

自分が大切にしていた人は、こんなにも多くの人から愛されていた。そう思えることが、何ともいえず嬉しいのです。自然、語り合う時間は長くなり、故人の人となりが、ありありと感じられるようになります。

大分前の話になりますが、私の寺のお檀家さんのお通夜でのことです。

故人は小さな町工場を営んでおり、会社員として働いているご長男がいました。ご葬儀の打ち合わせのとき、ご長男はいいました。

「親父（故人）はコツコツ、ひたむきに働いていました。でも工場は小さいまま、暮らしはちっとも楽になりませんでした。仕事上のお付き合いも少なかったはず。こぢんまりした葬儀になると思います」

それはご長男が知る、故人の顔でした。ところがお通夜当日、長男の想像をはるかに超える数の参列者がありました。それも、ご長男が知らない人ばかりです。ご葬儀が終わると、皆さん口々に、「生前のお父さんには、本当にお世話になりました」とご遺族に語ったそうです。

その話をしてくれたご長男の嬉しそうだったこと。「親父が、こんなに多くの人に感謝されるような人間だったとは知りませんでした」。家族葬では、こんな発見はなかったはずです。ご長男の故人を見る目が変わりました。

もっとも、対照的な葬儀があることもお伝えしないわけにはいきません。

「故人は大きな会社の役員を務めていました。定年して何年も過ぎているとはいえ、相当な数の人が詰めかけると思います」

ご遺族はそうおっしゃっていたのに、実際のお通夜は寂しいものでした。いい意味でも悪い意味でも、葬儀は故人の人となりを露《あら》わにしてしまうものだと、つくづく感じます。

「四十九日」故人とともに修行の旅に出る

葬儀の後、故人は彼岸に向けて
四十九日間の旅に出ます。
それは仏さまになるための、修行の旅。
残された人は、その修行に付き添い、
未知の地へ向かう苦難を分かち合うのです。

お通夜を行わない一日葬が増えている、というお話をしました。

しかし本来、お通夜にも大切な意味があるのです。お通夜を省略するのは、その意味を知ってからでも遅くはないと思います。

仏教では、故人は四十九日間の旅を経て、仏さまになると考えられています。お通夜はその旅立ちの前日にあたります。そして本来のお通夜とは、遺族が夜を徹して故人に寄り添い、故人を慰めるために行われるもの。昔は三、四人が残り、「寝ずの番」をしてお線香を一晩中絶やしませんでした。それは「いつも寄り添っています」という証でした。

ご葬儀の最中に「引導《いんどう》」を渡すのも、旅立ちのためです。宗派ごとに作法は異なりますが、禅では漢詩の一句に、「後ろ髪を引かれることなく旅立ってください」という願いを託します。本当にこれが最後のお別れであると示すために、渾身の力を込めて「ろー」と大きな声をあげます。

それを合図に、故人は長い旅に出ます。故人が着ている真っ白い死装束は、この日のための「旅支度」です。

仏教では、生きている私たちが暮らす世界を此岸《しがん》といい、故人が旅立つ先を彼岸《ひがん》といったり、仏国土《ぶっこくど》といったり、浄土といったりします。ただし、此岸から彼岸へ渡るには、旅をしないといけないのです。その旅路に四十九日間かかるということです。ですから、お墓に納骨をするのも四十九日めがひとつの目安。昔は土葬でしたからすぐに埋葬しましたが、今は火葬されたのち四十九日間は自宅にお祀りをし、それからご埋葬するのが一般的です。

この旅は仏さまになるための修行の旅でもあり、平坦なものではありません。彼岸と此岸の間には、海のように広い「三途《さんず》の川」があり、それを渡らないといけないというお話は、ご存知の方も多いと思います。

また、人は亡くなってから七日ごとに関所のようなところを通り、生前の行いが審判されるともいわれています。それぞれの関所には仏さまが二人ずつ待っています。一人は生前の行いを問いただす仏さま、もう一人は彼岸（浄土）へいく方角を示してくださる仏さまです。仏さまのなかには、有名な閻魔《えんま》大王やお不動さまなどもいます。

この旅において、生前の罪が重いと審判されると、故人は地獄に落とされてしまいます。そこで残された人たちは、亡くなってから四十九日まで七日ごとに集まり、法要を営みます。それは、故人が関所を無事に通過できるよう手を合わせるため。また、お経をあげて、そこで積んだ功徳《くどく》を故人に差し向けます。

　これを「回向《えこう》」といいます。

　こうした考え方が何を意味するのか、おわかりでしょうか。

　それは「四十九日までは、故人の魂はまだそばにいる」ということです。そして残された人たちには、四十九日まで修行に付き添っているということ。

　大切な人が亡くなり、まだ二ヶ月足らず。悲しみや喪失感は、まだ癒えていないはずです。孤独、怒り、無力感、やるせなさ、そんな感情にとらわれ、不意に涙をこぼすこともあるかもしれません。無理もないことです。無事に葬儀を終えられたとしても、大切な人の死を前に、やすやすと心の整理がつくほうがおかしいと思います。

　そんなときはせめて、苦しい旅を続けている故人に思いを馳せてください。

「自分は今、故人の修行を支え、一緒に修行しているのだ」

「つらいのは自分だけじゃないんだ」

　そう信じてください。

「卒哭忌《そっこくき》」そして涙が涸《か》れるときがくる

大切な人が亡くなって百日めを
「卒哭忌《そっこくき》」といいます。
まだ心は悲しみに満ちているかもしれません。
しかし、涙が涸《か》れるほど泣いた日々の果てに
悲しみが和らぐときがきます。

四十九日の間、故人がその旅路で仏さまに出会うのに合わせて、最初の七日目には「初七日法要《しょなのか》」、次の七日目に「二七日法要《ふたなのか》」が行われます。七度目の七日を迎えたとき、旅が円成《えんじょう》するといわれ、その日が四十九日に当たります。そのため四十九日を別名「七七日忌《なななぬか》」といいます。

故人が彼岸にたどり着く四十九日めをもって「忌明け」とし、遺族が喪に服す期間が終わります。

仏教ではこの四十九日間のことを「中陰《ちゅういん》」といいます。俗世を陽、仏国土（彼岸・浄土）を陰として、旅の間は陽でも陰でもない中陰だと考えるのです。四十九日めの忌明けの日を、「中陰が満つる」と書き「満中陰《まんちゅういん》」ともいいます。

四十九日めには、本位牌という塗りのお位牌をつくり、それまで祀っていた白木のお位牌と交換します。白木のお位牌はあくまでかりのお位牌。故人の魂を白木のお位牌から本位牌に移す儀式（位牌開眼）をして、仏壇に祀ります。

四十九日までは、ここで紹介した儀式のほかにも、行政上の手続きをしたり、自宅に訪ねてくる弔問客《ちょうもん》に応対したり、家にお仏壇のない人は、それを購入したり、お墓に埋葬する手配をしたりと、慌ただしい日々が続きます。これまでにお墓がない人は、十分検討してお墓を求め、石塔を建てる準備をしなければなりませんから、この四十九日の時点での埋葬は難しいでしょう。

裏を返すと、四十九日を過ぎれば法要は一段落します。その後は時間をおいて、一周忌、三回忌、七回忌、十三回忌と、年忌法要を行うことになります。

ただし、その前にもう一つ、大切な法要があります。

故人が旅立って百日目の「卒哭忌《そっこくき》」です。

四十九日が終わると、残された人々は、悲しみと正面から向き合う日々が始まります。もう、忙しさのなかで自分の気持ちを誤魔化すことはできません。

故人の気配が残る部屋で、故人のいない食卓で、故人と歩いた思い出の地で、

「大切な人は、逝ってしまった」

という事実を噛みしめる時間が増えていきます。

そのたびに、恐ろしいほどの悲しさ、寂しさが、私たちを襲います。

気がつくと、涙がとめどなく溢れています。やり場のなく渦巻く感情が、私

たちの心を押しつぶしていきます。もう、堪《こら》えようがありません。できるのは、声をあげて泣き叫び、涙を流し続けることだけです。

四十九日を経てもなお、悲しみは癒えない。それが私たち人間です。それでいいのです。

悲しいときには悲しみきること。泣くべきときは思いきり泣くこと。これも禅の考え方です。葬儀の席でも同じです。ご遺族のなかには「参列してくださる方々に挨拶をしなければ」と涙をぐっと飲み込んでいる方もいますが、本来それは泣くべきときです。

心に涙をためたまま先の人生を生きていけるとは、思わないでください。


そして、大切な人を亡くして百日目。ほんの一瞬ですが、涙が涸れるときがやってきます。またすぐに涙は溢れてくるかもしれません。しかし、ほんの一瞬でも、悲しみの淵から戻れたことにはかわりがない。

「卒哭忌」は、そんな日です。それは文字通り、泣(哭)き明かした日々から卒業し、それぞれの日常へと帰る日です。

第 4 章

いずれは必ず訪れる「死」に向き合う

「主人公」として毎日を生きる

「今日やるべきことは何だ。
それは本当に自分が望んでいることか」
毎朝鏡の前でそう自問自答していたのは、
アップル創業者のスティーブ・ジョブズ。
日々を「主人公」として生きるために、
欠かせない時間でした。

人生は一度きり。そして、いつか旅立ちの日がきます。大げさでも何でもなく、それが真実です。

ところが私たちは、その真実をつい忘れてしまいます。

「これから何十年と人生が続いていく」

「今日という日が終われば、また明日がやってくる」

何の根拠もなくそう信じ、何ヶ月も先の予定を立てたりしています。

しかし、生きている限り死は確実に近づいているのです。今日が健康であることは、明日も健康であることを保証しません。急な病に倒れることもあるでしょうし、大切な誰かをいつ失うかもわかりません。

そのときに後悔しても遅い、ということです。すごろくのように「振り出しに戻る」ことができたら、どれほどいいでしょう。それができない以上、私たちにできるのは、今日という一日に悔いを残さない生き方をすることだけ。

それが禅の教えです。

いずれ訪れる死に際して、「やるべきことはやった。人生を生ききった」と納得がゆく人生とは、どのような姿をしているのでしょう。

その答えはひとつではありませんが、確実にいえるのは、一人ひとりが自分の「よい死」を思うことで、これからの「よい生」のありようが見える、ということです。

「ひとつも思い残しはない」と言い切れたら、それ以上の最期はありません。

「やれるだけのことはやった」と満足して旅立てるように思います。

反対に、「あれもやりたかった、これもやりたかった、もっとあのときこうしていれば」と指折り数えられる人は、残念ながら、この世に未練を残しながら旅立つことになります。

命には限りがあり、自分もいつか死ぬ。それを忘れないこと。あるいは、何度忘れても思い出すことです。

そうすることで、生ききりたい、という気持ちが湧いてくるのです。

それは「人生を主体的に生きる」ということでもあります。人生を人任せ、成り行き任せにせず、自分の生きたい人生を選ぶことです。

禅はそれを「主人公」という言葉で伝えています。中国の唐代の禅僧、瑞巌《ずいがん》和尚は、毎朝、自分自身に「主人公でいるかー、しっかり目覚めているかー、自分の面目を保っているかー、真実の自己の状態でいるかー」と呼びかけ、また自分で「はい」と返したといいます。

一般的に主人公といえば、ドラマやマンガに登場する物語の中心的な人物のことです。しかし実はこれも禅語。本来のあるべき状態を保ち、真実の自己の状態で生きることを、主人公といいます。

こんな教えが大切にされることからもわかるように、現実の私たちは、主人公であることを忘れがちです。

特に、仕事に家庭にと忙しい若い人は、細々とした用事に追い立てられるように生きています。「よく生きる」とは何かなど、考える余裕がありません。

人生にはそんな時期も必要なのだと思います。

しかし、ある日、誰かの死の当事者になったとき、人は立ち止まって考えるのです。これからの人生を「よく生きる」とは何だろうと。

自らの闘病生活をネット上で綴ったり、死の間際のようすを動画投稿サイトに公開したりしている人がいます。命の終わりが近いことを宣告され、涙に暮れながら、残り少ない日々を思う。自分にできることは何か、何を拠り所に生きるのか、模索する。そんな苦悩のプロセスが、赤裸々に語られることもあります。ご本人にも視聴している第三者にもつらい描写が少なくありません。

それでも記録することをやめないのは、それが「よく生きる」ために必要だからだろうと思います。読者や視聴者からの励ましのコメントも、自分を鼓舞《こぶ》する一つの糧《かて》になっているのではないでしょうか。

これも、主人公として生きる人の姿だと思います。


彼らの生き方に触れると、私たちの心は震え、我が身を振り返ります。自分も、そうやって一日を生ききりたいと願うのです。

「今日で終わりでも構わない」といえる一日を積み重ねていく。

まだ死の影が身に迫らないうちに、そう決められたら、生はどれだけ充実したものになることでしょう。

お手本となる有名人を紹介します。アップル創業者のスティーブ・ジョブズは毎朝、鏡の前に立ち、鏡に映る自分にこう問いかけたそうです。

「お前が今日やるべきことは何だ。それは本当にお前が望んでいることか。ほかにやるべきことはないのか。もう一度、今日やるべきことを考えろ」

これは禅的な問いかけそのものです。

ジョブズは若い頃から禅の精神を学んでいました。乙川弘文《おとがわこうぶん》という曹洞宗の禅僧と交流し、師事したことでも知られています。

ジョブズは、毎日を「主人公」として生きているかどうか、自分に問いかけていたのだと思います。

ジョブズのような偉人でさえ、毎朝の習慣としなくては主人公であることを忘れてしまう、ともいえます。人間は何も意識しないままでいると、締まりのない毎日を過ごしてしまう定めにある。そこで仏教は、規則正しい生活習慣により自分に「箍《たが》をはめる」ことで、生き方を律するようすすめています。

また、毎晩「自分のお葬式」をして一日を終える禅僧もいました。寝る前に必ず一日を振り返り、それで今日の命を「おしまい」としていたのです。翌日も命は続くかもしれませんが、翌日のことを考えるのは翌日の命を頂いてから。

そうやって、一日一日に「けじめ」をつけていました。

決して難しいことではないはずです。あなたにも同じことができます。

といっても、自分の葬儀をしなさいとは申しません。一日を振り返る日記やブログを書いても構いませんが、書くのが苦手な人には負担になるでしょう。ただ、その日の自分を顧《かえり》みる機会をつくれるならば、それで十分です。肝心なのは、無理せずに毎日続けられるかどうか。毎朝、洗面所に立つときに、ジョブズのように鏡に映る自分に問いかけるのもいいでしょう。

自宅にお仏壇があれば、「ご先祖さまへのご報告がてら、一日を振り返る時間を持つのもいいと思います。

私が昔から実践しているのがこれです。朝と夜に必ず、寺の庫裏《くり》（寝起きする建物）にある仏壇にお参りをし、お線香をあげています。そのとき、

「今日はこんなことがあった、あんなことがあった」

「あの発言はうっかりしていた、次は気をつけよう」

などと、その日のことを振り返るのです。

以前にもお話ししましたが、仏さまの前で人の心は裸になります。ほんの少しの思い残しであっても、仏さまに隠しごとはできません。反省が多い日もあれば少ない日もあり、日によってお参りの長さがずいぶんと変わります。一日として同じ日などない、ということが思い知らされます。

そうして夜には、

「きょうも一日無事に過ごせました。ありがとうございました」

「明日もよろしくお願いします」

といって床に就きます。

こうして感謝の言葉で一日を終えると、心が温かくなり、いい眠りにも入れて、気分がよいのです。私のお気に入りの時間です。

ご縁の「雪だるま」を転がしていく

仕事をしていると、
「いい仕事をするほど、もっといい仕事に恵まれる」
実感はありませんか。
よいご縁は、次のよいご縁を連れてきてくれます。
逆に、悪いご縁は、
次の悪いご縁を連れてくるから、怖いのです。

第3章で四十九日のお話をしました。人は亡くなると、俗世からお彼岸へと仏さまになるための修行の旅をする。七日ごとに通過する関所では、閻魔《えんま》さまたちに生前の行いを審判されるといわれています。彼岸にたどり着けるのは、生前に徳を積んだ人だけ。そうでない人は、地獄道、餓鬼道、畜生道、修羅道、人間道、天道の世界を彷徨《さまよ》い続けます。仏教ではこれを六道輪廻《ろくどうりんね》といいます。

このことからわかるように、仏教では生前に徳を積むことが大切であり、その徳は後の生に引き継がれると考えられています。

それでは「徳」とは何でしょうか。

それは、世のため人のためにする「善行（いいこと）」です。

なかでも、自分の素性を伏せたままで行う「陰徳《いんとく》」がもっとも素晴らしいとされています。時折、「匿名で〇億円の寄付があった」などと報じられますが、まさしく陰徳の例です。

普通の人であれば「自分が寄付をした」といいたくなるところですが、仏教ではこうした我欲や執着を「煩悩《ぼんのう》」とし、手放すことをすすめます。それにより、一点の曇りのない清らかな心に気がつき、仏さまの領域に近づける、というのです。

「陰徳では誰も褒めてくれないから、つまらない」と考える人もいるかもしれませんが、仏さまはちゃんと見ています。徳を積むほど後でいいご縁を回してくださいますから、ご安心を。

「他人にいいことをすれば、自分にもいいことが返ってくる」のです。

「そんなの信じられない！」という人は、こう考えてみてはいかがでしょう。

「今すべきことを必死にやれば結果はついてくる」

「いい仕事をすると、もっといい仕事を連れてくる」

仕事を例にすると、わかりやすいと思います。

同じ「10」の力を持っているAさんとBさんがいるとしましょう。

あるとき、職場の上司に「12」の仕事を任されました。

Aさんは「実力以上の仕事だけど、必死にやれば成し遂げられるかもしれない」と前向きに考え、引き受けました。一方のBさんは「今の実力では無理です」といって遠慮しました。

二人にどんな人生が待っているでしょうか。

なんとか「12」の仕事をまっとうしたAさんは、次から「12」の力を持った人と見なされます。地位や報酬が上がり、今度は「14」の仕事を任されるかもしれません。何といっても、「一度は実力以上の仕事を引き受けた」「その仕事を頑張って成し遂げた」という実績が買われます。

Bさんはどうでしょう。「Bさんは無理をしない人だから」と、次からは「10」どころか、「8」の仕事しか頼まれないかもしれません。

同じ「10」の力を持っていた二人ですが、たった一つの判断により、大きく差が開きました。

「あの人はなぜかいつも、いい仕事に恵まれているな」と羨ましくなるような人が、あなたの周りにいませんか。その秘密はここにあります。

AさんとBさんの違いは、初めにいい縁を結んだかどうかでした。

ご縁というものは、一度転がり始めると止まりません。坂道を転がる雪だるまのように、よいご縁は次のよいご縁を連れてくるのです。これは少し怖い話でもあります。悪い縁もまたどんどん膨らみ、人の力では止められません。

人生が好転するのも暗転するのも、雪だるまの転がるがごとし。そう聞くと「今、ここから」いいご縁を紡ぐことの大切さに、身が引き締まる思いがしてきます。

白隠《はくいん》禅師（臨済宗中興の祖、江戸時代中期の禅僧）のお師匠にあたる道鏡《どうきょう》慧端《えたん》禅師は正受老人《しょうじゅろうじん》として知られ、「一大事と申すは今日、只今《ただいま》の心なり」という、有名な「一日暮らし」の言葉を残しています。

人生の一大事というのは、今このときである。その一瞬を積み重ねると、これ以上ない最高の人生を生きたことになる。そんな意味です。

禅の教えは、いつでも「今、ここから」です。いい縁を結ぶため、仕事でも挑戦する勇気を持っていただきたいと思います。

念のために申し上げますが、これは「無理な挑戦をしなさい」ということではありません。自分の力が及ぶ範囲でいいのです。

「10」の力の人が「15」や「20」の仕事を依頼されたら、これはいわゆる「無茶振り」です。身を引くべきだと思います。しかし「12」や「13」の仕事なら工夫しだい。「こうしたらうまくいく」というアイデアがあるのであれば、思いきって引き受けてみてはどうでしょう。

こうした小さな挑戦の積み重ねが自分の実力を引き上げ、またいいご縁を連れてきてくれるのだと思います。

「嫌だなあ」「こんなことできるはずないよ」「つまんないなあ」と思う仕事にも、楽しみを見出す工夫をしましょう。

例えば、難易度が高い仕事は「取り組みがいがある仕事」と考えてみる。退屈なルーティンワークなら「能率を2倍にする方法はないか」と考えてみる。営業トークが苦手なら、「商品を売り込むよりも、お客さまの悩みを聞くことに徹しよう」と考えてみる。

こうした小さな工夫をすると「やりたくない仕事」が、挑戦しがいのある「やりたい仕事」に変わります。「誰に任せてもいい仕事」は「○○さんにしかできない仕事」に変わり、いいご縁が巡ってくるようになります。

どんな仕事も、そうして自分色に染め上げていけたら、こっちのものです。それこそ、人生の主人公になる、ということですから。

禅的丁寧な暮らし

禅の教えは、日常の生活習慣やちょっとした所作《しょさ》にまで及びます。例えば、呼吸や姿勢、食事の仕方。一つひとつを丁寧に行うことで生活は整い、ひいては私たちの心も整うのです。

終活《しゅうかつ》という言葉があります。

人生の終わりを迎えるにあたり、相続をどうするのか、葬儀や墓はどうするのかを考えたり、ご縁のあった方々に思いを伝えることなどが、一般的に終活と呼ばれます。

しかし、それだけが終活ではないと私は思うのです。

「毎日徳を積み、今死んでも悔いはない」といえる一日一日を送ることそのものが、終活といえるのではないでしょうか。

実際、禅の教えは、日常の生活習慣やちょっとした所作に及びます。

私もこれまでさまざまな本や講演などを通じてお伝えしてきたことですが、それらを一言で表すなら「何ごとも心を込めて丁寧に」だと思います。

何をするにも「うわの空」ではいけない。例えば、お茶を頂きながらスマホを見る、ご飯を頂きながらテレビを見るなどの「ながら」作業は、悪い例の最たるものです。お茶にもスマホにも、食事にもテレビにも心が入りません。

そうではなく、些細《ささい》な所作にも心を通わせるのです。

例えば、ものをひとつ机に置くにも、両手を添える。

禅僧は修行中、「片手ではなく両手で」するよう教わります。何か人にものを渡すときも、人からものを受け取るときも、そうです。

これだけで、所作としての美しさに格段の違いがでると思いませんか。

片手だと「ぞんざい」に扱っているように見えますが、両手だと「大切に思っています」という心がこもります。相手がきちんと受け取るまで見届けようとする、やさしさ、気遣いがあります。

片手でしていることを、あえて両手でしてみてください。

思えば、握手もそうですね。片手の握手が一般的なマナーですが、相手によっては両手で握手をすると、気持ちの伝わり方が違います。

禅では、このように「何ごとも心を込めて丁寧に」行うことが、生活を整え、ひいては心を整えることにつながると考えられています。

その例をいくつか紹介しましょう。特に一般の方の暮らしに取り入れやすいものを選びました。

早起きをする

朝の過ごし方ひとつで、その日がどんな一日になるかが決まります。今より三十分早く起きるだけでも時間に余裕ができますし、「何ごとも心を込めて丁寧に」したいと思う、気持ちのゆとりが生まれます。

よく噛み、ゆっくり食べる

よく噛むほどに頭は冴《さ》え、少ない量でもお腹が満たされます。毎日三度の食事のありがたさがわかるのも、ひと箸ひと箸に心を込めていただいてこそです。

毎日五分、掃除をする

禅には「一掃除　二信心」という言葉があります。部屋などを掃除すると心まで清々《すがすが》しくなるもの。そうしたきれいな心がなければ信心も続かないという意味の言葉です。

信心するかどうかはともかく、五分でもいいですから、毎日の掃除を習慣づけましょう。心が整うのを実感できるはずです。仕事机の上やパソコンのデスクトップの整頓も、同じ効果を期待できます。

「脱いだ靴を揃える」ことも意識してみてください。禅語には「脚下照顧《きゃっかしょうこ》」という言葉があります。履物を揃えなさいという意味ですが、「自分の足元を見つめなさい」という意味もあります。地に足のついた人生を歩んでいるのかどうか、脱いだ靴にも表れているのです。

姿勢を整え、呼吸を整える

「調身《ちょうしん》・調息《ちょうそく》・調心《ちょうしん》」の順で心が整うといわれます。調身とは姿勢を整えること。横から見て背骨がS字を描き、尾骶骨《びていこつ》と頭のてっぺんが一直線になるのがいい姿勢です。調息とは丹田《たんでん》呼吸を整えること。丹田とは、へその下10㎝程のところをいいます。一分間に三、四回程度のペースで腹式呼吸を繰り返します。調身、調息がうまくいけば心は自然に整います。

夜は「何も考えない」

日中の疲れをその日のうちに癒やすには、よい睡眠が欠かせません。しかし夜は、睡眠の妨げとなる不安や心配ごとにとらわれがちでもあります。湯船にのんびり浸かったり、静かな音楽を聴いたりして、リラックスに努めましょう。そうして床に就く三十分前からは何も考えないことです。「気がつけば深夜」の元凶となるスマホは手元から遠ざけましょう。

ここで紹介した例からも「禅は難しいことではない」とおわかりいただけると思います。むしろ禅とは「当たり前のことを当たり前に」やることであり、生活そのものともいえます。ただし「何ごとも心を込めて丁寧に」が大切です。

ぜひ、実践してみてください。

「働かざるもの食うべからず」の誤解をとく

仕事ばかりが「なすべきこと」だと考えると、
人はときに苦しくなります。
仕事は生きがいの一部に過ぎないはず。
報酬なしでもやりたいと思えるような、
「なすべきこと」はありませんか。

「コロナ禍の世の中を知らずに亡くなった人は、幸せかもしれないね」

そんな言葉さえ耳にすることがあるくらい、二〇二〇年を境に私たちの生き方は一変しました。

感染拡大から三年が経過した今なお、マスク姿は日常のものであり、感染対策に苦労している職業の方もおられます。

同時に、コロナがもたらしたものは悪い変化ばかりではないとも、私たちは感じているのではないでしょうか。

例えば、リモートワークやオンライン授業が増え、通勤、通学の負担が減って自由な時間が増えたこと。健康意識が高まったこと。大切な家族との時間が増えたこと。

なかには「働くばかりが人生ではない」と気づく人もいました。何かと制限の多い暮らしのなかで、自分が何を生きがいとするか、改めて考えさせられたのです。

中国の唐代の禅僧に、百丈《ひゃくじょう》懐海《えかい》という人がいました。

百丈懐海の名前は知らない方も、この言葉ならご存知のはずです。

「一日作《な》さざれば一日食らわず」

一般的に「働かざるもの食うべからず」と訳される言葉ですが、私はその訳は適切ではないと思っています。

働くことばかりが人の「なすべきこと」ではないと思うからです。

確かに、仕事は私たちに大きな充実感を与えてくれるものです。

仕事のほかに、何十年もの時間を費やせるものは、なかなかありません。生活に必要なお金を得るための手段であるのみならず、人によっては生きがいそのものになってもおかしくない。「仕事こそ人生」であると考える人も少なからずおられると思います。

それだけに、仕事を失うと、大きな喪失感や孤独を味わうのです。コロナ禍で「働きたくても働けない」事態に多くの人が直面しました。定年後に、「もう自分の役目はないのだろうか」と寂しさを感じるシニアの方も大勢いらっしゃいます。

しかし、それは仕事ばかりが「なすべきこと」だと思い込んでいるせいかもしれません。

そんな私たちを、百丈懐海はこう諭しているのだと思います。

「仕事に限らず、自分がなすべきことを、一生懸命に果たすことが大事である、それが『生ききる』ということだ」と。

例えば、ボランティアで少年サッカーチームのコーチを買って出ることも、犬や猫の保護活動を行うことも、立派な「なすべきこと」だと私は思います。報酬の有無は、関係ありません。人によっては病気のご家族をお世話することかもしれませんし、先祖から受け継いだ畑を耕すことかもしれません。百人いれば百通りの「なすべきこと」があるはずです。

誰かに取り上げられる心配のない、自分の「なすべきこと」を、早くから探し始めることです。それが見つかれば、今日「なすべきこと」が尽きることはありません。

生きがいは絶えず、心から湧いてくるものになるでしょう。

また、仕事から離れたところで友人を持つことをおすすめしたいと思います。多くの方が心配している通り、大人になると友人づくりが難しくなります。日中の大半をともに過ごしていても、会社の同僚が友人かというと、必ずしもそうではありません。

同じ仕事、同じ職場で苦楽を共有していても、大切にしている価値観が合わなければ、友達といえるほど心を許せないものです。

かといって、それまで疎遠にしていた地域の付き合いに飛び込むのも、勇気がいります。

一方、同じ趣味を持つものどうしは、価値観も共有している可能性が高く、いい出会いがあるのではないでしょうか。ゴルフが好きならゴルフ仲間、将棋が好きなら将棋仲間との付き合いを、大切にしてください。

もちろん、どんなコミュニティにも、合う人、合わない人はいるはずですが、明らかな共通点が一つあるだけで、人付き合いのハードルはぐんと下がります。

生涯付き合っていける友人にも恵まれるかもしれません。

もう一つ、大切にしていただきたいのは、学生時代の仲間です。社会に出てから会う機会は減っていても、一度顔を合わせれば、学生時代そのままの付き合いができる、気心が知れた間柄です。

社会的な立場が違っていても、価値観がズレていても、「おい、お前」と呼び合えるのは、同級生ぐらいのものではないでしょうか。

そうして、仕事から離れたところに、自分の居場所を育てておくことも、「生ききる」ための備えになるでしょう。

お寺を日常に取り入れる

日本には、コンビニを超える数の寺院と神社があります。手を合わせれば、心は裸になり、いつでも本来の自分を取り戻せるのです。もっと日常的に、お寺に足を運びましょう。

お仏壇の前に身を置くと、自分の心が裸になる。故人を話し相手に本音をさらけ出せるから、これから自分が生きる道も見えてくる。

そんなお話をしてきました。

多くの方にぜひ、そういう時間を持っていただきたいのですが、なかにはお仏壇がないお家もあると思います。

その場合は、田舎のご両親の写真や、お子さんの写真、神社やお寺の御札などでもいいでしょう。

とにかく、自分の心が裸にさせられてしまうものを身近に置くことです。

いちばん簡単なのは、近所や旅先で、神社仏閣に足を運ぶ習慣を持つことかもしれません。

「自分を超えた大きなものが守ってくれている」

「人間がちっぽけな存在に感じられる」

お寺や神社には、そんな空気が流れています。山中や丘の上など、人里離れた、自然豊かな土地に建立されていると、なおさらです。

そういう場所に足を踏み入れると、私たち人間は頭《こうべ》を垂《た》れたくなります。神社仏閣には共通して、そんな独特の磁場のようなものがあります。

ご存知でしょうか。今、日本にはコンビニが約五万七千店あるのに対し、お寺は七万五千寺、神社はもっと多いのだそうです。日本にはコンビニよりも多くの神社仏閣がある。本当に「どこにでもある」ものなのです。これをありがたく、日々の暮らしに生かさない手はないと思います。

これだけ数が多いと、毎日の通勤、通学や散歩の途中でも、複数の神社仏閣の前を通る可能性が高いはずです。少し寄り道して、手を合わせるくらいの時間なら、なんとかつくれるのではないでしょうか。

お参りするときは、神社は二礼二拍手、一礼。お寺は合掌礼拝《らいはい》するのみが作法です。

もっとも、細かい作法は気にしなくてかまいません。手を合わせた瞬間、心は澄みきり、本来の自分の姿にあなたは戻っているはずです。

誰かと自分を比べて嫉妬したり、誰かを見下したり、立場や肩書に心を惑わされたりすることもない、裸の自分。そんな自分が願うものは意外にも、家庭が無病息災であること、夫婦円満であることなど、ごくごく平凡なものであることに、気がつくかもしれません。

それでいいのです。それこそ、純真な気持ちで人が願うことであり、生きていく上で、心の拠り所になるものです。

慌ただしい日常のなかで何度忘れてしまっても、大丈夫です。忘れても思い出せばいい。お寺で手を合わせるたびに、思い出せばいいのです。

「孤独」を贅沢に味わう

孤独は、寂しいものでも、
侘《わび》しいものでもありません。
私たちの人生には欠かせない、
豊かな時間がそこにはあります。
日常のストレスから脱するためにも、
積極的に孤独を味わいましょう。

禅の特有な考え方に、

「人生における本当に贅沢な時間は、孤独のなかにある」

というものがあります。

SNSなどを通じていつでもどこでも人とつながれるこの時代に、孤独の価値は理解されにくいものかもしれません。孤独といえば寂しいものであり、侘しいもの。そんな負のイメージがつきまといます。

私自身、たくさんの人に囲まれておしゃべりするのは楽しく、いつも一人でいたいと思っているわけではありません。

しかし、自分が今生きていることのありがたさを実感する時間、また「これからどうやって生きていこうか」と振り返る静かな時間は、孤独のなかにこそあります。また日常的に情報過多に晒《さら》され、誰もがストレスを抱えながら生きている現代人が、そこから逃れ、心身を回復させるためにも、「孤独」は大切な時間になります。

孤独に親しんだ歌人で僧侶に、西行《さいぎょう》がいます。

平安時代末期から鎌倉時代初期にかけて、由緒ある武家の出でありながら若くして出家し、諸国をめぐった西行。彼は京都の北の山のなかに庵《いおり》を結び、一人静かに暮らしました。

そこには自然とともに生きる豊かさがありました。木々の葉が色合いを変えていくさまを目で追い、小鳥の声や虫の音に耳を傾ける。そんな暮らしのなかで、西行は多くの歌を詠《よ》みました。

ときに京の町中に降りては人々と語り合い、お酒を酌《く》み交わしたそうですが、しばらくするとまた山の庵へと帰るのです。

こうしたメリハリを、私も羨ましく思います。

晩年の西行が、こんな歌を残しています。

願わくは
花の下にて
春死なん
そのきさらぎの

望月《もちづき》のころ

この歌に込められているのは孤独の侘しさでしょうか。むしろ、孤独という最高の贅沢を知る人の歌だと、私には感じられます。

多くの人が恐れているのは、実は孤独ではなく、「孤立」ではないでしょうか。似たような言葉でも、確かに「孤立」は心に陰を落とします。

孤立とは、社会から縁を切ってしまい、関係を持たないことをいいます。これは確かに寂しく、心細いものでしょう。

一方、孤独は十分に豊かで、私たちが必要としているものだと思います。

幸い、西行のように出家せずとも、この贅沢を味わうことができます。例えば、普段は都会暮らしでも、週末を利用して野山を歩いてみてはどうでしょう。近所の公園や遊歩道を散歩するだけでもいい。市民農園などを借りて、週末農業にいそしむ人もいます。

孤独を避けず、むしろ積極的に味わうことです。来し方行く末に思いを馳せ、心身の疲労を回復させる時間として、楽しみましょう。

「もうひとりの自分」と手を取り合う

社会から孤立し、「自分の味方は一人もいない」
と感じながら生きていくことは困難かもしれません。
しかし「もうひとりの自分と手を取り合いなさい」
と禅は教えるのです。

しかしながら、現代社会における孤立の問題は、深刻なものがあります。家族や友人とのつながりが絶え、一人暮らしをしている高齢者、家族は健在でもさまざまな事情から頼りにできない人、新型コロナウイルスの感染を防ぐためという理由で交流が減り、疎外感を深めている人もいます。

社会や他人との接点が本当に途絶えると、孤独の豊かさを味わう余裕などなくなります。それはときに、人の命を奪ってしまうほど危ういもの。

身寄りや友人を失い「自分の味方は一人もいない」と感じながら、人は生きられるのか。この問題を解決するのは容易ではないはずです。

しかし、禅にはこんな考え方があります。私たちのなかには「もう一人の自分」という、ともに手を取り合い生きていくべき存在がいるのだと。

一二〇〇年前に弘法大師《こうぼうだいし》が修行した八十八の霊場を巡る巡礼のことを、「お遍路《へんろ》」といい、お遍路する人のことをお遍路さんといいます。そのお遍路さんが頭にかぶる菅笠《すげがさ》には「同行二人《どうぎょうににん》」と書いてあります。（また、ほかに四つの句、

「四方の文字に迷うがゆえに三界域なり、悟るがゆえに十万は空なり、本来東西はなく、いずくんぞ南北あらんと」という言葉もあります。これは偈《げ》と呼ばれる漢詩で、禅宗や真言宗の書物に出てくるものです。在家のご葬儀のときに、お棺の蓋や骨壺に書くとされ、もしお遍路さんが巡礼中に亡くなった場合には、この偈の書かれた笠を身体の上にかぶせて棺のかわりにするというものです)

一人でお遍路をしているのに二人とは、「お遍路さんにはお大師さん(弘法大師、空海)がずっと寄り添って、守ってくれる」という意味があります。これは心のなかのもう一人の自分、すなわち「本来の自己」を表してもいるのです。

また禅には「把手共行《はしゅきょうこう》」という言葉があります。手を取ってともに行くという意味の禅語です。誰と手を取り合うかというと、心のなかにいるもう一人の自分です。これを「本来の自己」といいます。清らかな心を持つ、お釈迦さまのような自分です。仏教ではそれを、「仏性《ぶっしょう》」といったり、「真如《しんにょ》」といったりします。一点の曇りもなく、すべてをありのままに映す鏡のような美しい心が、人間皆に備わっていると、仏教では考えられています。

つらいとき、苦しいときは、もう一人の自分の声に耳を澄ませるのです。お寺を参拝するまでもなく、自分の胸のうちに仏さまはいます。私たちはいつも、仏さまとともにあるのです。私たちは一人のようでいて一人ではありません。

「これから自分は、どう生きていく？　どう生きたい？」

「一人ぼっちかもしれないけど、やるべきことはまだ残っているよね」

心のなかの仏さまは、私たちが生きていくに欠かせない「拠り所」となり、何より心強い相談相手になってくれることでしょう。

そういえば、坐禅の「坐」の字も、二人の自分が語り合う姿を表しています。上に「人」を二つ書いて、下に「土」。これは、今の自分と「本来の自己」が土の上でどっしり坐禅を組み、自問自答しているのです。

「心のなかに本来の自己がいる」というと、何だか大げさですね。

禅では、「本来の自己」を発見することを「悟り」や「大悟《だいご》」などというのですが、これまた仰々しく、難しそうに聞こえるかもしれません。

確かに、「本来の自己」を見つけられる人と、見つけられない人はいます。邪魔をしているのは人間の「煩悩《ぼんのう》」です。人間は誰しも清らかな心を持って生まれてくるのですが、生きているうちにさまざまな煩悩にとらわれてしまう。煩悩はたとえるなら「体脂肪」のようなものです。体脂肪が分厚くなると、胸の奥のほうにある、きれいな鏡のような心が見えなくなります。

煩悩はまた人を孤独にするものでもあります。どれだけ金銭的に恵まれた人も、「まだ足りない、まだ足りない」「もっと、もっと」という我欲にとらわれている限り、満たされるということがありません。やがて我欲を満たすために周囲の人を利用し始め、信用を失います。

「本来の自己」は「こんな事態は望んではいない」と悲鳴をあげるかもしれませんが、煩悩があまりに強いと、その悲鳴も聞こえないのです。

人間として生きている限り、煩悩をすべてなくすのは無理でしょう。また、ある種の煩悩が生きる活力を生み出している側面もありますから、「ぜんぶ捨てるべき」とも私は思わないのです。

しかし、余計な煩悩を削《そ》ぎ落とすことならできます。禅の修行は、そのための手段でもあります。「何ごとも心を込めて丁寧に」行い生活を律するのも、お寺に参拝するのも、そのひとつだと考えてください。

そうして私たちは、「本来の自己」にもう一度出会うのです。

「生かされている」意識を持つことも、煩悩を手放すには大切です。

私たちは、自分一人の力で生きていると思いがちですが、本当は違うのです。

私たちは多くの人々や、自然からの恵みのなかで「生かされている」。そのありがたみがわかると、見える世界が変わります。

今、こうして食事をできることがありがたい。

今、こうしておしゃべりができて、ありがたい。

今、ここにいられることがありがたい。

そう思えたとき私たちの煩悩は薄れ、心は感謝の気持ちで満たされるのです。

すでにご紹介した「お仏壇の前で感謝の言葉を述べ、一日を終える」という私の習慣は、そのためのものでもあります。

「感謝日記」をつけるのもおすすめします。ノートなどにその日一日のいいこと、悪いことを書き出し、「今日も一日、無事に過ごせました。ありがとうございました」と締めくくるだけでいいのです。自分が「生かされている」ことを思い出せる有意義な時間となるでしょう。

「ボーッとする」のも努力のうち

スマホは私たちから「ボーッとする」時間を奪いました。
これを取り戻すには「自分に箍《たが》をはめる」こと。
何もしない時間のなかで心身は回復し、みずみずしい感性が蘇ります。

禅的な暮らしと、ひじょうに折り合いが悪いのが、スマホです。

「何ごとにも心を込めて丁寧に」にも、「孤独を贅沢に味わう」にも、「もう一人の自分と手を取り合う」にも、スマホが邪魔をします。

現代人は、朝起きたらスマホ、移動中にスマホ、仕事の合間にスマホ、食事をしながらスマホ、ベッドのなかでスマホ。さすがに触りすぎです。落ち着いて一日を振り返る時間を奪われますし、これだけ間断なく情報の洪水に晒されていたら、目も脳も疲れきってしまいます。

スマホの便利さは承知していますが、メリハリは必要です。「ニュースのチェックは通勤中」「メッセージの返信は食後の休憩時間に」など、スマホを利用する時間や場所を制限しましょう。

特に夜は、睡眠の妨げにならないよう「九時になったらスマホを断つ」などと決めること。ベッドから離れた机の上に置いて、物理的に距離をおきましょう。「仕事のメールが気になる」という人もいるでしょうが、手を伸ばしても届かないところにあれば、諦めがつきます。

自分に「箍《たが》をはめる」ことで、生き方を律するのが禅の教えです。スマホについてもルールを設け、スマホに奪われた時間を取り戻しましょう。

スマホから取り戻した時間で何をするかですが、あえて「何もしない」時間を設けるのも、いいと思います。

ただただ、一人でボーッとするのです。

人とおしゃべりするでもなく、スマホをいじるわけでもなく、レジャーを楽しむわけでもなく、仕事をするわけでもない。それでも人生は豊かで、世界は美しいのだと気がつくには、ボーッとする時間が必要です。

「そうはいっても、本当に何もしないでいるのは退屈だ」というのであれば、黙々と歩いてみることです。

何ごとも集中して取り組むと、心から雑念が消えていくもの。無心に歩いていると、頭の中のモヤモヤが晴れていく感覚があります。

何かを考えているわけでもなく、むしろ頭は空っぽ。生産しているわけでもない消費しているわけでもなく、ただ、そうしていることの気持ちよさに浸っているうちに、私たちの心は回復していきます。美しいものを美しいと思う、みずみずしい感性が蘇ります。その証拠に、「こんなところに、金木犀《きんもくせい》の花が」など、歩きながらさまざまな発見をすることでしょう。五感が活発に働き始めているのです。

以前、NHKのテレビ番組『課外授業　ようこそ先輩』に出演し、子どもたちに授業をしました。そのときもテーマは「ボーッとしなさい」。ただ空を眺めているだけでも「あっ」と気がつく瞬間がある。子どもたちは皆、できましたよ。

「年を重ねると花鳥風月の美しさがわかる」といいますが、老いるまで待つ必要はないのです。むしろ、一線で活躍している世代の方ほど、そのような感性を養う時間を持つべきだと思います。

例えば朝、通勤途中の10分でもいいですから、スマホを鞄にしまい、無心に歩いてみてください。

忙中閑《ぼうちゅうかん》あり。その閑が、「本来の自己」を取り戻す時間になるでしょう。

毎日十分「坐禅」のすすめ

坐禅は、心身を整えるための習慣です。
日常的に強いストレスに
晒されている人ほど坐禅の習慣をつくり、
「ボーッとする」時間を守りましょう。

禅の修行中は、朝一番に坐禅をします。それは、坐禅によって心身を整え、その日の修行に全身全霊で取り組む態勢をつくるためですが、同時に「ボーッとする」時間の心地よさを味わうためでもあります。

「閑坐聴松風《かんざしてしょうふうをきく》」という禅語があります。静かに坐り、風が松の葉をゆらす音を聴く、という意味です。

それは、普段は意識しても聞こえないほどの微かな音です。しかし坐禅をしていると、自然と一つになったかのように心が澄み切り、音が聞こえるようになる。その心地よさに満たされていると、時間の経過を忘れます。

みなさんも朝十分でいいですから、坐禅をしてみてはどうでしょう。心を静かに整えてから始める一日は、昨日までとは違う一日になるはずです。

坐禅の基本は、すでにご紹介した「調身・調息・調心」です。姿勢を整え、呼吸を整えると、心も整います。

よく「坐禅をするときは、邪念を払いなさい」といわれます。しかし邪念を払えといわれると、かえって邪念にとらわれるのが常です。

それは「〇〇してはいけない」と叱られた子どもが、かえってしたくてたまらなくなるのと同じ。修行を積んだ僧侶であってもそうです。

ただし、湧いてくる邪念に心を留めないことです。邪念を無理に払おうとせず、「そのまま眺める」よう意識してみてください。

たとえていうならば、人の心はきれいな水面のようなものです。邪念は、そこに投げ込まれる石です。石は水面に波紋をつくります。波紋を止めようと手を差し伸べても、また新たな波紋が生まれてしまう。

しかし、波紋をそのまま放っておくとどうなるでしょう。石が水面を割って波紋が広がる様子を、ただ眺めるだけ。やがて波紋は微《かす》かになり、鏡のような水面が戻ってくる。その状態が、無心《むしん》です。

邪念は生まれては消えていくもの。それを観察しているだけで、やがて無心になれるのです。

理想をいえば、禅僧の手ほどきを受けるのがいいと思います。「頭からお尻までまっすぐの姿勢で」といわれても、自分ではチェックできないかもしれないからです。お寺の坐禅会などに参加し、しっかりとコツを身につけて持ち帰ってください。

近年、「マインドフルネス瞑想」という名で、研修に坐禅を取り入れる企業が増えています。

それほどまでに働く人々の心は疲弊し、また、企業がルールを設けない限り「ボーッとする」時間がとれなくなっているということでしょう。

思えば、日本で禅が成立し広がったのも、鎌倉時代から室町時代にかけての、争いごとが多かった時代のことでした。

私は、激しい競争のなかで強いストレスに晒されている人にこそ、坐禅を日常に取り入れていただきたいと願っています。

「戒《かい》」を拠り所に生きる

仏教は日々の生活を正し、
心を整えることを説いています。
具体的な拠り所となるものは、
お釈迦さまが示した「戒」です。
「戒名」とは本来、戒を守って生きていくと
誓った証としての名前のことをいいます。

「ああ、よい人生だった」

どうしたら、そんな思いを胸に人生を旅立つことができるでしょう。

仏教は「日々の生活を正し、心を整える」ことを教えていますが、お釈迦さまはそのような生き方の拠り所になるものを示してくださっています。

それを「戒《かい》」といいます。

「戒（いましめる）」というと、懲《こ》らしめる、注意するといった意味もありますが、ここでは「よく生きる」ための指針と捉えましょう。

例えば、「十重禁戒《じゅうじゅうきんかい》」がそれにあたります。十重禁戒とは出家・在家の菩《ぼ》薩《さつ》が必ず守るべき十種の戒のことです。この場合の菩薩とは、「悟りを求めるもの」という意味です。

「よく生きる」とは何を指すのかわからないという人には、十重禁戒を指針にしてみると、いいかもしれません。ご紹介します。

第一　不殺生戒《ふせっしょうかい》　無駄な殺生はしない

命あるものを殺さないことです。禅の修行中に食べる食事は、動物系の食材を使わない、野菜中心の精進《しょうじん》料理であるのは、この戒めがあるためです。もっとも、一般の方がみなベジタリアンになる必要はないと思います。大切なのは、命をいただく感謝の気持ちを忘れないことです。

食事をするときは姿勢を正し、「いただきます」と合掌しましょう。そして出された食事は残さないこと。これだけでも心がけてください。

第二　不偸盗戒《ふちゅうとうかい》　清い心を持ち、人のものを盗まない

人のものを盗まない、これは当たり前のことです。しかし、無意識に誰かのものを盗んでいることが私たちにはあります。例えば、人から聞いた話をさも自分の経験談のように話してしまうことはないでしょうか。それで喜ばれると嬉しい反面、どこか後ろめたさが残ります。

そうであるならば「これは一休さんの言葉なのですが……」などと、出典を明らかにするのがよいと思います。

第三　不邪淫戒《ふじゃいんかい》　清い心を持ち、邪《よこしま》なことをしない

邪なことをしないとは、浮気、不倫などに手を染めてはならない、ということですが、ここではもう少し「邪」の字を広く捉えてみましょう。

邪魔、邪険、邪推、邪道、邪心など、邪がつく行いを避けることです。

第四　不妄語戒《ふもうごかい》　嘘、偽りをいわない

嘘や偽りを避けることです。ひとつの嘘をごまかそうと嘘を重ねていると、やがて大きな嘘となって露見するからです。それは、それまで培《つちか》ってきた信頼を一瞬で破壊するでしょう。初めから小さな嘘も口にしないことです。偽りのない、素の自分がもっとも清々しいのです。

第五　不酤酒戒《ふこしゆかい》　酒に溺れない

適度な量のお酒であれば、人間関係の潤滑油になりますし、ストレスを軽くしてくれます。ですが、適度な量ですまないのが、お酒でもあります。「ビールは一日一本まで」「夜八時になったら飲み足りなくても切り上げる」など、自分に箍をはめましょう。

第六　不説過戒《ふせっかかい》　人の過ちを責め立てない

自分の過ちを棚に上げて、他人の過ちは責め立てる。それも人間の姿です。しかし同時に、過ちを犯さない人間などいないのも事実です。日頃からおおらかな目で人を見ていれば、自分が責められることも、少なくなるはずです。

第七　不自賛毀他戒《ふじさんきたかい》　自らを誇り、他人をけなすことをしない

人の自慢話ほど、聞いていて興ざめなものはありません。それでいて語る本人は悦に入るのですから始末に負えません。自分に誇りを持つことは大切です。しかしそれを他人に吹聴《ふいちょう》する必要はないと心得ましょう。

第八　不慳法財戒《ふけんほうざいかい》　ものでも、心でも、施すことを惜しまない

お金でも時間でも、世のために人のために使うと、何倍にもなって自分に返ってくるとするのが禅の考え方です。特にお金は、人を迷わせる煩悩の最たるもの。人のために施すことを、自分の喜びに変えましょう。

第九　不瞋恚戒《ふしんにかい》　怒りに燃えて、自らを失わない

怒りという感情は強烈です。ときには我を失い、周囲を傷つけてなお、暴走は止まりません。怒りを持つことは避けられないことです。しかし、怒りが湧いたときの対処法を知るべきです。深い呼吸をして、間をおきましょう。心のなかで「気にしない、気にしない」と唱えましょう。

第十　不謗三宝戒《ふぼうさんぼうかい》　仏、法、僧の三宝を誹謗中傷しない

本来の意味は、お釈迦さまと、お釈迦さまの教えと、その教えを実践する僧侶を大切にしましょうというものです。ここでは、一般の人の生活に引き寄せて「真理を大切に生きる」と読み替えましょう。

「戒名《かいみょう》」の由来も、こうした「戒」にあります。

戒名といえば、亡くなった方が授かる名前として知られています。そのため生きている人とは無縁のものと思われるかもしれません。

しかし本来は「これからは戒を守って生きていく」という覚悟を決めた人が授かるのが戒名です。お釈迦さまのいった戒律を守り、自分が生きる拠り所にすることを誓った証なのです。

そのため、かつては生前に戒名を授かる人が多くいました。これを「安名《あんみょう》授与《じゅよ》」といいます。人は死を意識する年齢になると「これからどうやって生きていこうか」と考えることになります。そのとき、お釈迦さまが説いたこの世の真理を拠り所として生きていこう、戒を拠り所にして生きていこう、と安名授与を望むのだと思います。

今も、安名授与をする人がいます。定年退職がきっかけの人もいれば、伴侶を亡くしたことがきっかけの人もいますが、共通しているのは、「これからの人生に一本筋を通したい」という思いでしょう。

私も、できれば安名授与を、とおすすめしています。

戒名を受けることで、「このような生き方をしていこう」という意志が明らかになり、人生に迷いがなくなるからです。

現実的なことをいえば、ご葬儀の費用も安くなります。通常のご葬儀のお布施には、ご戒名を授ける費用が含まれています。安名授与をしていればその分が差し引かれるため、残された人が負担する費用が軽くなる、というわけです。

また、自分が望む戒名を選べるのも、安名授与ならではです。

亡くなった後で授かる戒名は、ご遺族から故人の人となりをうかがい、それを反映したものです。一方、安名を授与する場合は、ご本人に直接お話をうかがうことになりますから、人となりはより詳しくわかります。

私は安名授与のご依頼をいただくと、ご本人のお話をうかがったのち、二つの候補をお見せして、ご本人に選んでいただくことにしています。

生前に戒名なんて縁起でもない。そう思う方もおられます。しかし、実際に安名授与を受けた方の表情は、実に晴れやかです。

それは、人生を一度リセットし、新しい人生を歩み始めた人の、晴れやかさなのだと思います。

第 5 章

心の相続の準備をしよう

「死に支度《じたく》」は元気なうちに

納得のいく「死に支度《じたく》」は、元気なうちから始まります。

怖がらず自分の最期と向き合うことで「残りの日々を大切にしよう」という思いが生まれ、人生が愛おしいものに感じられてきます。

誰かの死の当事者になったのを機に、人は自分の死を現実のものとして考え始めます。特に多いのは、両親を見送ったときでしょう。

それも、男性の場合は父親の死が、女性は母親の死が、転機になります。

「父（母）の没年までは生きられるだろう、そこまでは頑張って生きていよう」

よく考えれば根拠はないのですが、そんな思いを持つようです。

それでは両親の没年を過ぎるとどうなるかというと、

「一日一日が本当にありがたい」

という、感謝に溢れた心持ちになる人が多くいらっしゃいます。

「親の歳を越えてからの人生は、『おつり』だと思っています。このおつりをどう大事に使うか、それが私に課せられた役割です」

おつりとはいい言葉だな、と思いませんか。もう亡くなっていてもおかしくないところ、まだ生きていられるのだから、「よく生きる」ために、ありがたく使わせてもらおう、というのです。

「おつりの人生だから、好き勝手にしていい」とはならないのが、大切な人を見送る経験を重ねた方の本心。私はここに、仏教の「命は預《あず》かりもの」という考え方に通じるものを感じます。

命は、誰のものでしょう。

医療の発達により寿命が百歳に近づく一方で、回復が望めず寝たきりの状態になっても、本人や家族の意思で延命が可能になっています。そうかと思えば、自ら命を絶とうとする人もいます。今議論されている安楽死も、生死の権利は自分にあるとする点では同じです。

いずれも根底には「自分の命は自分のもの」「どう扱っても、誰にも迷惑はかからない」という考えがあります。

一方、仏教の世界では「命は仏さま（ご先祖さま）からの授《さず》かりもの」だとされています。私の命は私のものではなく、あなたの命もまた、あなたのものではない、ということです。

なぜ、そう考えるのでしょうか。

私たちがこの世に生まれたのは、両親をはじめ、何百世代にもわたるご先祖さまが命をつないできたからです。そのうち一人でも欠けていたら、今の私たちの命はありません。そう思ったら「命は自分のもの」とは、とてもいえなくなります。

私たちもまた、次の世代へと命をつないでいく務めがあるのです。つまり、この生はほんの束の間、ご先祖さまからお預かりしているだけ。

そうであるならば、命を粗末に扱うわけにはいきません。

それは例えば、無二の親友から、

「自分の留守中、大切にしている犬のお世話を頼むよ」

と託されたとき、いい加減なことをできないのと同じです。万が一にも傷つけず、無事に犬を親友に返そうと努めるはずです。

私たちの命も、そうやって預かった命です。その命を大切にしようと思うならば、ひたすら一生懸命に生きていくこと。「命をまっとうした」といえるまで生きたら、あとは自然に任せて息を引き取るのがいい。私はそう思います。

ただし、心安らかに死を迎えるためには準備がいります。

「死に支度《じたく》」です。


それも、まだ元気なうちから、死に支度を始めるのです。病が重くなってから、年老いてからでは、納得がいく死に支度はできません。

ひとつの目安は、還暦《かんれき》を迎える頃がいいと思っています。五十代から自分の終わりを見据え、六十歳から具体的に動き始めるのです。

まだまだ頭はボケておらず、気力体力も十分。腰を据えてエンディングノートに取りかかれますし、会いたい人に会いに行けます。焦ることなく、死に支度を楽しむ余裕があります。


「生きているうちから死に支度なんて縁起でもない。怖い」

そういって、「自分もいつか死ぬ」という事実から目を逸《そ》らさないことです。

恐怖というものは、目を逸らそうとするほど、募るものです。むしろ、自分の最期と真正面に向き合うことで「残りの日々を大切にしよう」という思いが生まれ、人生が愛おしいものに思えてくるのです。

その証拠に、死に支度を終えた人の、心穏やかなこと。

「自分はもう、いつ死んでも構わない」

「これでもう、自分に何かあっても、残された人たちにいらぬ苦労をかけることはない」

そう思えるのでしょう。

逆に、自分が死んだらどこの墓に入るのか、財産分与で子どもたちが争わないか、自分の遺志を継いでくれる人はいるのか、家の歴史は誰が語り継ぐのか、自分のことを忘れないでいてくれるのか……などと心配の種を残していては、「おつり」の人生を味わうゆとりもなくなるでしょう。

それならば、今ある心配を、一つひとつ解消していくことです。安らかな最期を迎えるために、死に支度を始めるのです。

思いを伝える「心の相続」

相続というと、一般的には形ある財産を誰かに引き継いでもらうことをいいます。
しかし、旅立ちには「心の相続」も大切です。
これまでの人生の歩みや経験を、次の世代に託すことです。

相続手続きも、死に支度のひとつです。

相続といえば、お金持ちでなくても揉《も》めごとの種です。ひと昔前までは、四十九日の法要の場できょうだい喧嘩が始まるお宅が少なくありませんでした。原因はたいてい財産分与に関するもの。大変申し上げにくいことですが、これほど醜《みにく》い争いごとはありません。

愛する家族がお金目当てに仲違《なかたが》いをするなど、故人が一番望んでいないはず。せっかくの法要の場にもかかわらず、故人の思い出を語り合うどころではなくなってしまいます。

幸いにも、「終活」という言葉の浸透により、早くから死に支度をする方が増えたことで、そうした揉めごとは、ずいぶんと減ったように思います。

財産分与についても、不公平がないよう遺言状に書き残せば、家族の仲違いを避けられる、という認識が広がったのではないでしょうか。

残された家族のことを思えば、多少の手間ひまがかかるとしても、相続について遺言を用意することが、まずは大切です。

「すべて弁護士に任せる」というドライな方法でもいいと思います。どのような形であれ、故人の遺志さえ明らかにしておけば、財産家であっても、ほとんどの相続のトラブルは避けられる、というのが私の印象です。

しかし、安心して旅立つには、財産の相続だけでは足りないのです。

相続には二種類あります。

ひとつはよく知られた相続で、いわば社会的な相続です。自分が死んだらどこのお墓に入れてほしいか、家や土地、現金などの財産を誰にどう分けるのかなど、物理的な相続に関するものです。これらについては遺言状により、明確に意思表示をすることです。

身内が誰もおらず、かつ故人が何も書き残していないと、財産が国に没収されてしまう恐れもあります。こうした事態を避けるために、遺言状があります。

もう一つの相続は、「心の相続」です。

逝く人が後に残すべき財産とは、お金や家など、形あるものだけではないはずです。自身が歩いてきた人生の道のりや、そこから学んだ経験もまた、貴重な財産。それを次の世代に残すのです。

あなたは誰に、何を伝えて死にたいですか。

自分の知恵が、子どもたちの人生を助けるとは思いませんか。

配偶者に対し、言いたくても言えなかった感謝の言葉はありませんか。

「残された人には、故人の遺志を継ぐ務めがある。それが故人を心のなかで生かすことにもなる」と、私は再三申し上げてきました。

実は、相続という言葉自体が仏教からきています。師匠が弟子に教えを伝えることが、相続の意味です。明治の世になり、親の財産を引き継ぐことにあたる言葉を定める際に、仏教語から「相続」が転用されました。

つまり、形のない教えを受け継ぐことが本来の相続といえます。形ある財産を残すだけでは「二度目の死」は免《まぬが》れません。遺族や近親者、生前親しくしていた人たちの心のなかから、あなたの存在が消えてしまうのです。

心の相続を取り戻しましょう。

「家族の歴史」を語り継ぐ

祖父母と孫が同居する世帯が多かった時代、「家」の歴史は苦もなく、次の世代へと受け継がれました。

核家族化により、その機会が失われています。

「孤食」を減らし、家族の時間をつくりましょう。

今の時代、心の相続は、本人が積極的に動かない限り、難しいのです。

核家族化が進む前、三世代同居の暮らしが珍しくなかった頃は、祖父母から孫へと、語り継がれるものがありました。

例えば、家族の歴史です。

両親が一家のため忙しく働いていると、子どもに人生を教える時間などありません。しかし、人生経験を積んだ祖父母が留守番をしていました。家事や孫の相手をしながら何くれとなく語りかける、その時間が大切でした。

「お前のお父さんは、会社でこんな仕事をしているんだよ。実は、おじいちゃんも同じ仕事をしていてな……」

「五十年ぐらい前に大雨があって、川が溢《あふ》れて皆が丘の上に避難したんだよ。ご先祖は、そのときひどい苦労をしたそうだ」

お年寄りの昔話と、簡単に片付けてはいけないと思います。

こうした語りの時間があったおかげで、先祖代々の歴史は受け継がれてきました。昔は、百五十年〜百八十年は正確に家族の歴史をさかのぼれたといいます。そこで語られるのは祖父母の実体験だけではありません。祖父母が幼い頃、その祖父母から聞かされたことも含まれていました。

語り継ぐ誰かがいる限り、家族の歴史は百年を越えて記憶されるのです。

ひるがえって、昨今の核家族化は、歴史の語り部が家から消えたことを意味します。自分の代まで語り継がれてきた家族の歴史が、途絶えてしまう。それは子どもや孫たちが、自分のルーツをたどれないということでもあります。

それは、親として受け入れ難いのではないでしょうか。子どもが幼いうちはよいとしましょう。しかし、子どもが大人になり、生き方に迷うと、

「自分はいったい何者なのか」

「自分はどこからきたのか、なぜこの町で生まれ育ったのか」

などと、自身のルーツを振り返りたくなるものです。

そのときに備えて、家族の歴史を次の世代に伝えることです。

それはまた、子どもたちに、

「命は授かりもの、ご先祖さまから受け継がれてきたもの」

という教えを伝える機会にもなるでしょう。

とはいえ、改めて「心の相続をしよう」と思うと、自分も子どもたちも身構えてしまいます。

まずは、ご家族と過ごす時間を持つことを、おすすめします。

家族揃って食卓を囲む機会が減っていませんか。両親は共働き、子どもたちも学校に部活にアルバイトに忙しいとなると、スケジュールが合いません。かといって、一人で食事をとる「孤食」を望んではいないはずです。それならば、せめて週一回は「この日はほかの予定を入れず、家族で食事をしよう」とルールをつくる。何もごちそうを用意する必要はありません。その日ばかりは残業もアルバイトも断り、約束の時間に集まる、とだけ決めるのです。

週に一度の、家族の会食です。

少しでもその時間を楽しいものにしようと思うのであれば、「最近、こんなことがあってさ」「そういえば昔は……」等々、話題には困りません。会話の機会さえ確保できれば、自然な流れで、家族の歴史に触れることもできるはず。

祖父母にかわり、あなたが家族の歴史の語り部となるのです。

歴史の語り部は自分だけではない

「親戚付き合い」もまた、
家族の歴史をつないでいく貴重な場です。
法事、法要の場もおろそかにせず、
心の相続の機会として、
子どもたちを連れていきましょう。

法事、法要の場も、家族の歴史を継承する貴重な機会です。そこに集まる親族に聞かされる話から、一族の系図が垣間見えるのです。

家の歴史の語り部は、あなただけではありません。

ある人から「おばあさんの五十回忌をしました」というお話を聞きました。

故人の命日から満四十九年目に行われる年忌法要なのですが、実際にはめったにないことです。故人が比較的早くに亡くなり、なおかつ、子どもがある程度長生きをしないと、五十回忌までたどり着けません。

それだけに、五十回忌はおめでたいものでもあります。

長きにわたって、家系が絶えなかったということですから、昔はお赤飯を炊いて祝いをする習慣がありました。また「弔《とむら》い上げ」といって最後の年忌法要ともされており、それまでの法要に比べ大きな規模で行われるのが一般的です。

孫たちにとっては、顔も知らない祖父母のために、これまた顔も知らない親族の話を聞く機会になるかもしれません。

「私自身、生前の祖母には会ったことがないんです。父から祖父母の話を聞かされたこともほとんどない。でも、わざわざ遠方から、七十代、八十代の親族まで呼び寄せたくらいですから。それだけ父にとって祖母が大切な存在であることがわかりました」

五十回忌に限りません。次の世代に家族の歴史をつなぎたいと思うのであれば、法事、法要をおろそかにしないでいただきたいと思います。

また、法要に子どもたちを連れていくことです。

故人はこんな人たちと同じ時代を生き、こんな思い出話をされるような人だったのかと思うと、顔も知らない故人でも、親しみが湧いてきます。

その場にいるだけでも、一族の歴史は子どもたちに伝わります。一堂に会している皆がまさしく、自分のルーツにふれるのです。

「一度も会ったことがない大叔父、大叔母が遠方からやってくる」といった機会は、特に貴重です。あなたも知らない故人のエピソードが披露され、より立体的に家族の歴史が見えてくるかもしれません。

「こういう人たちがいてこそ、今の自分がいられるんだな」

「面倒そうに見えるけど、親戚付き合いって大切だな」

そういう気持ちが、誰の心にも湧いてきます。


お通夜にしろ、お葬式にしろ、子どものうちは、その意味がわからないものです。しかしわからないなりに、その場を経験させることに意味があります。

そのうちに、さまざまなことがわかってくるのです。


ご先祖さまがあっての自分であること。自分もまた、家族の歴史の一部であること。これからも、誰かが歴史の語り部にならなくてはいけないこと。

そんな使命のようなものを共有できるのが、法要の場であること。

これもまた、心の相続なのです。

「エンディングノート」のすすめ

エンディングノートとは、
逝く人の心を綴るものです。
それは、残された人があなたのことを思い出し、
生前のあなたの姿を語り継いでいくときの
よすがになるものでもあります。

「エンディングノート」を書く人が増えていることを、私は嬉しく思っています。書店にも関連書籍が多く並んでいます。心の相続のため、大いに活用していただきたいと思います。

遺言と違い、エンディングノートには法的効力はありませんが、これまでの人生を記し、これからの人生をどう生きたいかをまとめ、家族へのメッセージを残すのに使います。形のないのが心、しかし文章という形あるものに刻んだほうが、あなたの心は伝わる、というわけです。

といっても、一般的なエンディングノートは、「心の相続」という言葉から想像されるより、少々実務寄りのものかもしれません。

例えば、延命措置を望むのか、最期を迎えたいのは自宅か病院か、亡くなったら誰に連絡するべきか、通帳や印鑑、保険証などの貴重品類はどこにしまってあるか、キャッシュカードの暗証番号はなど、自分の死後に待っている手続きに備える「ハウツー本」の趣《おもむき》があります。

もちろん、それはそれで大切なものです。延命措置ひとつとっても、本人の意思がわからなければ家族に決断を委《ゆだ》ねるしかありませんが、家族間で意見が分かれることもあるでしょう。「延命措置をしてほしい・しないでほしい」と意思を示しておくだけで、残される人の心の負担は軽くなります。

だからこそ、ハウツー的なエンディングノートとは別に、逝く人が、残される人のために心を綴ったノートがあるといいと思います。

かしこまる必要はありません。

あなたは、誰に何を残したいですか。

あなたの何を、知っておいてもらいたいですか。

残された人に、どんな気持ちで暮らしてもらいたいですか。

あなたの思いが伝わるのであればどんな形でもいいですし、上手な文章など必要ありません。あとでまとめ直してもいいのですから、ひとまずはメモ帳に走り書きをするだけでも十分としましょう。

時間をおいて読み返したとき「これは違うな」と思ったら、更新するのもあなたの自由です。

あなたが歳をとり、家族も歳をとれば、伝えたい内容も変わるでしょう。いつその日がくるかわからない以上、自分の死期を悟ってからではなく、三十代、四十代のうちから書き始める人も少なくありません。

残された人が、あなたの胸のうちを知り、温かい気持ちになり、語り継いでいくときのよすがになれば、それでいいのです。

私は父から、原稿用紙に万年筆で書かれたものを受け取りました。

「何かちょこちょこ書いているな」ということはそれ以前から気づいていたのですが、中身は知りませんでした。父の死後に読んだところ、太平洋戦争中に兵士として外地で経験したことや、捕虜になったときのこと、日本に帰ってきてから晩年までのことなど、父の「自分史」が書かれていました。

父の死後、私はそれをパソコンで打ち直し、親族に配りました。

今、孫たちは、終戦記念日や父の命日がくると読み返しています。

「おじいちゃん、このとき大変だったね」

そんな様子を見るたび、文章として形を残すことの大切さを思うのです。

逝く前に残したい十のメッセージ

エンディングノートは
あなたの「生きた証」です。
残された人に、何を伝えたいですか。
何を書くのも自由ですが、書き出しに迷うなら、
ここで紹介する十項目を手がかりとしてください。

エンディングノートは何を書くのも自由ですが、何から書いたらいいのかわからないというのであれば、こんな十項目から手をつけてみてはいかがでしょう。

(一) 故郷のこと

あなたが生まれ育った故郷はどんなところでしたか。故郷にどんな思い出がありますか。故郷を離れたのは、いつ、どんな理由からですか。あるいは、なぜ故郷に戻ってきたのですか。故郷にまつわる思いを伝えてください。

(二) 幼かった頃の思い出

幼い頃、どんなことをして遊びましたか。どんな楽しいこと、悲しいことがありましたか。どんな大人になりたいと思っていましたか。今のあなたを形づくった原体験はありますか。大人になった今、「もう一度、あの頃に戻りたい」と思うのはどんな時代ですか。「自分が死ぬ」ことなど思いも寄らなかった、満ち足りた日々のことを思い出してください。

(三) 父の思い出、母の思い出

あなたの父親、母親はどんな人でしたか。どんなことで叱られ、どんなことで褒められましたか。両親の生き方から学んだことは何ですか。両親に感謝していることはありますか。孫たちが知らない祖父母の姿を伝えられていますか。両親から受け継いだ心を、次の世代に託してください。

(四) 心に残る恩師

あなたの人生に影響を与えた人物は誰ですか。学校の先生や先輩、友人からどんなことを学び、あなたはどう変わりましたか。あなたを導いた恩師一人ひとりのことを思い出し、感謝を述べましょう。

(五) あなたが打ち込んできた仕事のこと

これまでどんな仕事をしてきましたか。なぜ、その仕事を選んだのですか。どんなやりがいがありますか。その仕事を気に入っていますか。小さい頃に思い描いた「将来なりたかったもの」になれましたか。

職業に貴賤《きせん》なしといいますが、その通りだと思います。自分に与えられた役割に、どれだけ心を尽くしたかが大切であり、それはお金を稼ぐために働くことばかりではないはずです。地域のことでも、家庭のことでもいいのです。あなたが何を「なすべきこと」として生きてきたかを、伝えましょう。

(六) 我が子に伝えたいこと

子が生まれ、初めて人の親になった日のことを思い出してください。そのときの喜びを我が子に伝えましょう。また、自分がこの世を去った後、子どもたちが幸せに生きていくために何が必要か、考えてみましょう。完璧な親などいませんし、正しい答えもありません。しかし、子の幸せを願う親として、あなたが伝えなくてはならないことが、きっとあるはずです。

(七) 幸せだったあの頃のこと

「幸福な人生」とは何かと問われて、答えられる人は少ないかもしれません。

しかし、どんな人にも、幸福な瞬間はあるはずです。家庭で、職場で、どんなときに幸せを感じましたか。何を生きがいに、これまで暮らしてきたのでしょう。また、これから何を幸福として、生きていきたいですか。

(八)つらく、苦しかったこと

人生は楽あれば苦ありです。特に、苦しみにとらわれている最中は、この苦しみから解放される日はこないのではないか、と思えるほどです。しかし、時が経てば、どんな苦しみも薄れ、客観的に眺められるようになります。あなたは過去、どんな苦しみを経験しましたか。その苦しみから脱した今、何を思いますか。その経験から、学べたことはあるでしょうか。

(九)あなたの夢

小さい頃、あなたはどんな夢を持っていましたか。青年になり、叶えたいと思った夢はありましたか。叶った夢はありますか。叶わなかった夢は、どんな夢でしょうか。そして、これからの夢は何ですか。叶うか、叶わないかは問題ではありません。夢を持ちながら生きる人生の充実を、伝えましょう。

(十) この世に生まれてきた奇跡に「ありがとう」

今、この時代に生まれたことも、友人や伴侶を得たことも、情熱を捧げられる仕事に就《つ》いたことも、すべては奇跡的な巡り合わせの賜物《たまもの》です。その奇跡のような生涯の最期に残すべきは、その奇跡にたいする感謝の念ではないでしょうか。両親へ、伴侶へ、子どもたちへ、兄弟姉妹へそのほかすべての、自分と縁を結んでくれた人たちへ、「ありがとう」の気持ちを伝えましょう。

以上十項目は、あくまで一例です。どこから書き始めてもいいですし、何度書き直しても構いません。

何を書いても、あなたの「生きた証」として、残された人に記憶されることでしょう。

皆さんのまわりに、「あの人が生きていたら、こうしていたに違いない」などと、死後も話題に上り続ける人はいませんか。それは、何らかの形で生きた証を残した人にほかなりません。
残された人たちが語り継ぐ限り、あなたも生き続けるのです。

伝えたい気持ちがあっても「書くのが苦手だから」と躊躇《ちゅうちょ》してしまう人もいるようです。その場合は、残される人にも協力してもらい、記録をとるのはいかがでしょうか。

「私の親は戦争を体験しましたが、自分からあまり語りたがりませんでした。私のほうから聞いてあげれば、父のことをもっとよく知れたのに」

残された人が、そんなふうに後悔することも多いのです。

「以前にも話したよ、聞いたよ」という方も、ぜひもう一度、機会を持ってください。同じエピソードが出てくるかもしれませんが、記憶というものは、思い起こすたびに「そういえば、あんなこともあった、こんなこともあった」と、新しい記憶を連れてくるものです。

文章ではなく、映像を残す方もいます。

ひとつ、私が胸を打たれた映像を紹介させていただきます。

それは、緩和ケア医として千人を看取った関本剛《せきもとごう》さんのものです。

関本さんは四十五歳で亡くなりましたが、自身の葬儀で流すＶＴＲを、生前に撮影されていました。

「お別れの挨拶」と題されたその映像は、関本さんのご家族や、友人、同僚たちに感謝の気持ちを伝えながら、「最高の人生でした」「また会いましょうね」というメッセージで締めくくられたものでした。

短い映像でしたが、吹っ切れたような関本さんの表情が、私は忘れられません。逝く人の言葉は、これほどまでに人の心に残るのです。

死を目前にしてなお「日々是好日」

人生には、晴れの日もあれば雨の日もあります。
しかし「雨だから、悪い日」
としないのが、禅の心です。
たとえ死が目前に迫っていても、
幸福を探しながら、生をまっとうすることです。

やがて死は目前に迫ってくるでしょう。それでもなお、私たちの「よく生きる」日々は続いていきます。

回復はもう望めず、毎日が苦痛に満ちていたとしても、ひとかけらの幸福を探しながら生きていく。禅がいう「よく生きる」とは、そのようなものです。

「日々是好日《にちにちこれこうじつ》」という禅語があります。

これは「毎日がよき日」という意味ではありません。

人生には、雨の日もあれば曇りの日もあります。また、晴れならよい日、雨なら悪い日、というわけでもなく、晴れの日には晴れの日のよさがあり、雨には雨のよさがある。新緑の美しさは、雨の中でいっそう映えるものです。

こんなふうに、少し視点を変えれば、すべての日がよい日になる。それが「日々是好日」の意味です。

たとえ余命が宣告されても幸福はあると、私は信じています。

私の知人に、大病を機に仕事を整理して、毎日をよく生きようと決意した人がいます。

医師がいうには「五年後の生存率は数パーセント」。幸運な数パーセントに自分が入れたらと願いながら、残された人生をどう生きればいいのか。厳しい選択を迫られていた彼女に、私はこう伝えたのです。

「今までしたくてもできなかったことを、やりたいだけやったらいかがですか」

半年後、彼女に再会すると「今が一番、人生で楽しい」という話をしてくれました。

飼いたかった猫を三匹飼い、大好きな紅茶を淹《い》れ、ゆっくり音楽を聴き、美術館に通う毎日。彼女は「私の余命は、あと何日」と数えていました。

その、残された日々をどう過ごすのか。彼女はすべてを準備していました。

「最後には、これまでお世話になった方々を食事にご招待して、いい時間を過ごしたいと思います。それが私の夢です」

病の進行は想像していたよりも早く、彼女の夢をすべて実現することは叶いませんでした。

しかし、大切なのは実現できるかできないか、ではないのです。

大切なのは、毎日を夢に向かって生きること。できないことが増えていく日々のなかでも、できることを見出していくこと。生ききること。そのなかに、人生の幸福があることを、彼女は教えてくれました。


「何ごとも心を込めて、丁寧に」も、彼女は実践してみせてくれました。

自宅にうかがうと、私に紅茶を淹れてくれたのです。

「美味しく紅茶が淹れられて、今日は嬉しいです」と彼女はいいました。

お茶は毎日のように飲むものですが、それを「昨日も今日も、同じ紅茶」と思っていたら、「今日は嬉しい」といえたでしょうか。

彼女にとっては、ひとつとして、同じ紅茶はなかったのだと思います。納得のいくお茶を淹れられるよう、茶葉の選び方や、お湯の温度にも気を配り、丁寧に丁寧に、私のために、淹れてくれたのでしょう。

だからこそ、美味しい紅茶が淹れられると、嬉しく思える。

それまで何百回、何千回と淹れていたかもしれない一杯の紅茶が、かけがえのない一杯になるのです。

彼女は「紅茶を淹れる」という行為と一つになっていました。「次は○○をやらなくちゃ」などと、ほかのことに気を取られていませんでした。美味しい紅茶が淹れられて嬉しいという気持ちを全身で味わい、心から満足していました。

こうした生き方をしていると、ただ、そこに生きていることが本当にありがたく、日々が穏やかになるのです。

一瞬のちには、病による苦痛が戻ってくるかもしれませんが、そのような一瞬を、彼女は最期まで積み重ねようとしていました。

禅僧として申し上げるなら、できれば死が迫ってくる前に、そういう心持ちで生きていただきたいのです。

その助けとなる禅の知恵を、私はこの本に記したつもりです。

しかし、たとえ病気がきっかけであっても、「よく生きる」決意をするのに遅くはないのだと、彼女は教えてくれました。

もう一度、「命は預かりもの」という教えを、思い出してください。

私たちには、預かっている命を精一杯生きる務めがあります。

その生がつらく苦しいものばかりだとしても、喜びを見出す努力をしながら、最期まで生ききるのです。

その姿を、残された人たちに見せてあげてください。そのような生き方の尊さを、心の相続として、伝えてください。

見送る側から、見送られる側へ

これまで見送る側だったあなたにも
見送られる日がやってきます。
あなたの最期の務めが待っています。
「大切な人を見送るからこそ、
人はよく生きることができる」
その機会を整えましょう。

定命《じょうみょう》が尽き、一度目の命を終えようとしているあなた。

その後待っている葬儀は、一つの「けじめ」だとすでにお話ししました。逝く人も、残される人も、けじめなしでは新しい人生を始めることができません。

ですから「お葬式はいらない」「お墓もいらない」「お金をかけたくない」などと、簡単に言わないでいただきたいのです。


これまで多くの人を見送ってきたあなたが、今度は見送られる番です。

「大切な人を見送るからこそ、人はよく生きることができる」と私は言いました。その機会を、あなたに残される人たちのために整えてあげてください。

それが、これから逝く人の最期のお務めです。


「残された者たちに迷惑をかけたくない」とか「葬儀費用で負担をかけたくない」とおっしゃる気持ちもわかります。

しかしながら、故人となったあなたに一言、最期の挨拶をしたいという方は家族だけではないはずです。

残された人の思いを、無下《むげ》にしてはいけません。

本書を通してお伝えしたことをおさらいしましょう。

逝く人にとって儀式とは、生きている間は逃れられない「煩悩」から解き放たれ、お彼岸へ安らかに旅立つための儀式です。

一方、残された人にとっては、大切なあなたとの別れを、頭ではなく、心で納得するための儀式です。

あなたの死を悲しむのは、家族だけではないのです。あなたが十分に生ききることができていたなら、そのご縁はご家族が想像する以上に、広がっているに違いありません。

ご縁のあった多くの人々が、あなたの死の当事者となり、自分の死を思い始めます。

残された人たちは、あなたの遺志をそれぞれに受け止め、「自分はこれからどう生きていくか」考えることになるでしょう。

あなたの死が、誰かの「よく生きる」きっかけになるのです。

その機会を大切にしてあげてください。残された人たちが、あなたの思い出話をする時間を用意してください。

ここまで来て、ようやくあなたのお務めはおしまいです。

「たとえ肉体は滅んでも、人々の心に残る限り、自分は生き続ける」と信じられるだけの、死に支度はすんでいるでしょうか。

死ぬのは怖い、いやだ、とまだ思いますか。

生ききった、といえそうですか。

「いよいよきたか。それでは」

そう満足して、最期の日を迎えられることを私は祈っています。

あとがき

私は本書を、大切な人を見送り、残された方の心を思いながら、書きました。

二〇二一年十一月二日、私も大切な人を亡くしました。十年以上にわたり、私の本づくりのパートナーを務めてくださった吉村貴《よしむらたかし》さんという方です。

少しだけ、吉村さんの話をさせてください。

僧侶という仕事柄、私はあちこちでお話をする機会がありますが、吉村さんほど長い時間、私の話を聞いてくださった方はいないかもしれません。普段は言葉少なな、しかし時折ぼそっと口にされる質問の角度が鋭く、吉村さんとお話をするたびに自分の思索が深まる手ごたえがありました。

これからもたくさんの本を一緒につくるはずでした。

「頑張りすぎたのか、腰と膝を悪くしまして。しばらく休憩すれば復活できると思います。ちょっとだけ、充電させてください」

そんなメッセージを、私はすっかり信じ込んでいたのです。その後いただいたメッセージも明るいものが多く、快癒《かいゆ》に向かっていると疑いませんでした。

吉村さんは日本の宝のような人なんだから、早くよくならなきゃダメだよ。電話でそう伝えたときも、吉村さんは笑っておられたのです。

突然の訃報を聞いたときは、ですから呆然としました。すぐにお宅にお電話をし、お線香をあげにうかがっても、まだ信じられない思いがしました。

食道がん、だったそうです。本人からその病名を明かされていたのは、ご家族と、高校時代からの親友おひとりだけと聞いています。

病名を知らされなかったことは寂しくもありましたが、いつもお洒落な帽子をクッとかぶっていらして、お酒とタバコとジャズを愛した吉村さん。弱っている姿なんか人に見せたくない、またすぐに元気になってみせるから。そんな美学のようなものがあったのかもしれません。

いかにも吉村さんらしい、と私自身頷《うなず》いたのを昨日のことのように覚えています。

一方で、あまりのことに、もう本づくりはできないと一時は思い詰《つ》めました。しかし、残された者の一人として、私も吉村さんを心のなかに生かし続ける責任を背負っています。

そして、吉村さんが時折、よい本づくりを通して世の中の役にたちたい、と言っておられたことを思い出し、決意を固めました。

その遺志を継ぐことが吉村さんを、いつまでも心のなかに生かし続けることにほかならないのだ、と確信したからです。

本を書き続けよう、そう思いました。

私にとって本書は、吉村さんを追悼する気持ちがきっかけとなり生まれた本でもあります。私と同じように、大切な人を亡くした人がその死を悼《いた》み、受け止め、そして立ち直るときのよすがになれば、と願っています。
吉村貴さんに、この本を捧げます。

合　掌

枡野俊明

枡野俊明（ますの・しゅんみょう）

1953年生まれ。曹洞宗徳雄山建功寺住職、庭園デザイナー。大学卒業後、大本山總持寺で修行。「禅の庭」を創作する庭園デザイナーとしても国内外で活躍。主な作品に、カナダ大使館庭園、セルリアンタワー東急ホテルラウンジ・日本庭園、ベルリン日本庭園など。2006年、「ニューズウィーク」日本版にて、「世界が尊敬する日本人100人」に選出される。『心配事の9割は起こらない』（知的生きかた文庫）、『心がスッと軽くなる禅の暮らし方　心配事を「力」に変える』（光文社）など著書多数。

禅《ぜん》の心《こころ》で大《たい》切《せつ》な人《ひと》を見《み》送《おく》る
残《のこ》された人《ひと》が「よく生《い》きる」ための心《こころ》の整《ととの》え方《かた》

2023年4月30日　初版第1刷発行

著者　枡野俊明
編集協力　岩下賢作
構成　東雄介、コアワークス（水沼昌子）
ブックデザイン　小口翔平＋奈良岡菜摘＋阿部早紀子（tobufune）
イラスト　宮下和
編集　樋口健、杉本洋樹
発行者　三宅貴久
発行所　株式会社 光文社
〒112-8011　東京都文京区音羽1-16-6
電話　編集部 03-5395-8172
書籍販売部 03-5395-8116　業務部 03-5395-8125
メール　non@kobunsha.com
落丁本・乱丁本は業務部へご連絡くだされば、お取り替えいたします。
組版　堀内印刷
印刷所　堀内印刷
製本所　ナショナル製本

　ISBN978-4-334-95373-7